Escatología Bíblica

Descubriendo lo oculto en lo revelado

Pastor José Manuel Sierra

Las citas bíblicas están tomadas de la traducción Reina Valera revisión de 1960 mientras no se especifique otra.
Algunas imágenes e ilustraciones que aparecen en este libro no han sido utilizadas con la intencionalidad de infringir los derechos de autor, por ello, se especifica de dónde fueron tomadas.
Se utilizaron diseños de Freepik.com

Título: *Escatología bíblica*
Autor: José Manuel Sierra Páez
        E-mail: mividanueva@mividanueva.org

Edita: Sarai Fernández Rodríguez
        E-mail: edicionessarai@gmail.com

© José Manuel Sierra, 2020

ISBN: 9788409204113

Escatología Bíblica

*Clama a mí, y yo te responderé,
y te enseñaré cosas grandes y ocultas que tú no conoces.*
Jeremías 33:3

Índice

Dedicatorias

Dedico este libro a mi familia que tanto amo:
Para mi esposa Elena y mis hijas

Priscila y Miriam,

quienes siempre han apoyado y han permanecido a mi
lado.

También, para todos mis hermanos
del Centro Evangélico Vida Nueva de Tenerife

y en el mundo entero.

Agradecimientos

A Saray y a su padre el pastor Freddy por haber tenido la idea de escribir este libro y ayudarme a llevarlo a cabo. A Juan Ramón, a mi hija Priscila y a mi yerno Matías por haber realizado la revisión.

Y a todo aquel que me haya ayudado en este proyecto.

Prólogo

El libro que sostienes en tus manos no es como otros libros que tienen muchas páginas, pero que no dicen nada. Este libro es el resultado de un trabajo escrupuloso, metódico y sintético que viene del corazón de un hombre que no solamente ama a Dios y a su Palabra, sino que además ha dedicado más de cuarenta años de su ministerio a investigar el origen de todo aquello que como cristianos hemos aceptado como parte de nuestra doctrina cristiana evangélica en los últimos siglos.

Por todo ello, puedo afirmar sin temor a equivocarme, que el Pastor Manolo Sierra (a quien conozco desde hace más de 20 años, y que además es un amigo), que su ministerio está avalado y reconocido en toda la península debido a su fidelidad en la obra que ha desarrollado en la Iglesia Vida Nueva de Tenerife.

Por lo cual, todo lo que encuentres escrito en estas páginas no es algo improvisado ni tomado de otro lugar, sino que ha sido previamente investigado y meditado por él mismo. Una de las claves de su ministerio, sin lugar a dudas, ha sido el haber aprendido hebreo bíblico. Esto le ha traído una profunda revelación y ayuda en todos sus trabajos de investigación bíblica. La propuesta que nos presenta el pastor Manolo Sierra tiene el propósito de despertar a una Iglesia dormida y enquistada en todo aquello que representa "seguridad" y "comodidad". Pues nos ofrece una perspectiva bíblica renovada para uno de los temas más demandados por la Iglesia del siglo XXI en lo referente a Escatología Bíblica. En definitiva, es un libro muy específico pues alude directamente al tema tratado.

Por último, solo me gustaría animarte a que no dejes de leer hasta su última página.

Pues estoy convencido de que si eres un cristiano sincero que ama al Señor, no solo ampliará mucho más tu forma de entender todo lo relacionado a la segunda venida de nuestro Señor Jesucristo, sino también te preparará para ella.

Freddy Fernández

Pastor y Maestro bíblico en Alicante (España)

Tiene en sus manos un resumen de las clases dadas por el pastor J. Manuel Sierra desde la iglesia Centro Evangélico Vida Nueva en las Islas Canarias. Estas clases sobre Escatología o acontecimientos finales, fueron dadas en las semanas previas (e incluso habiendo entrado ya en los días de la cuarentena mundial a causa del coronavirus), en la cual seguimos inmersos en estos momentos. Lo que estamos viviendo ahora mismo, nos hace pensar que la Iglesia tiene que estar preparada y ser consciente de las señales proféticas que ya se están cumpliendo.

¿En qué época de las profecías nos encontramos? Este libro le ayudará a entender mejor esas profecías, las cuales durante mucho tiempo han sido ignoradas o desconocidas por gran parte del pueblo de Dios.

Debido a los acontecimientos actuales, ahora más que nunca la Iglesia necesita despertar y descubrir en las Sagradas Escrituras todo lo que Dios a lo largo de los siglos ha ido revelando a sus siervos los profetas.

Nos enfrentamos a nuevos desafíos, a momentos de cambio; a situaciones muchas veces difíciles, en las cuales tenemos que saber cómo actuar. Tenemos suficiente luz y revelación en la Biblia para mantenernos firmes en la fe y proclamar el Evangelio en medio de una generación perversa y maligna. Por ello les animo a descubrir lo oculto, en lo revelado.

Que el Señor bendiga sus vidas.

Elena de Sierra

Introducción

Veamos la definición de la palabra "Escatología": La Escatología Bíblica es la rama de la Teología (del griego θεος "*theos*", cuyo significado es "Dios", y λογος "*logos*" es "palabra" o "estudio"), que trata de los acontecimientos finales. Del griego antiguo ἔσχᾰτος "*éschatos*", que significa "último". Por lo tanto, es el estudio de las palabras que tienen que ver con los últimos tiempos[1].

Hay partes de la Teología que estudian la figura de Dios; otras partes estudian la Angelología (todo lo que tiene que ver con el mundo de los ángeles, los demonios, etc.); y hay otras que tienen que ver con la salvación. Pero la parte de la Teología que estudia los acontecimientos finales se llama Escatología, y en este caso: Escatología Bíblica. Es muy importante ser conscientes de un principio que funciona a la perfección, y es que "la Biblia se interpreta a sí misma". Esta es una regla de oro que hay que tener siempre presente a la hora de realizar un análisis o

---

[1] Bibliografía recomendada:
- W. E. Vine (1990): *Diccionario Expositivo de Palabras del Antiguo y del Nuevo Testamento Exhaustivo*. Editorial Caribe.
- J. Dwight Pentecost (1984): *Eventos del porvenir. Estudios de escatología bíblica*. Editorial Vida.
- Vila, Samuel; Escuain, Santiago (2013): *Nuevo diccionario bíblico ilustrado* (Nueva edición). Editorial Clie.
- La Haye, Tim (2016): *Biblia de estudio de la profecía: Reina Valera 1960*. Editorial Grupo Nivel Uno.

estudio bíblico. Lo que usted a lo mejor está leyendo en Daniel y no entiende, va al libro de Apocalipsis y lo entiende, o viceversa.

A lo largo de este libro, usted podrá comprender que, aplicando los principios fundamentales de la Hermenéutica, entenderá perfectamente aquellos libros de la Biblia donde Dios nos habla acerca de los tiempos finales.

Capítulo 1. Comparativa entre Daniel y Apocalipsis

En este libro analizaremos capítulo a capítulo todo el libro del Apocalipsis y su relación con otros pasajes. Pero antes de comenzar a estudiar en profundidad dichos capítulos y sus personajes, debemos tener las herramientas para poder interpretarlos correctamente.

Por ello, primeramente, voy a explicar varios principios fundamentales a la hora de estudiar el resto del tema de la Escatología. El primero de esos principios es que, para estudiar el Apocalipsis, es necesario que veamos el libro de Daniel.

Por ejemplo, leamos el capítulo 13 del libro de Apocalipsis (el último libro de la Biblia).

> "Me paré sobre la arena del mar, y vi subir del mar una bestia que tenía siete cabezas y diez cuernos; y en sus cuernos diez diademas; y sobre sus cabezas, un nombre blasfemo. Y la bestia que vi era semejante a un leopardo, y sus pies como de oso, y su boca como boca de león. Y el dragón le dio su poder y su trono, y grande autoridad" (v. 1-2).

Al leer los primeros versículos, se va a dar cuenta que, si usted no tiene una base bíblica para poder interpretar dichos textos, no va a entender absolutamente nada. Esto es lo que le suele ocurrir a muchas personas, que cuando quieren estudiar Escatología Bíblica, como no tienen ninguna base; leer el libro de Apocalipsis les produce aburrimiento y entonces lo dejan para más adelante.

Si se dan cuenta, el animal descrito en este pasaje no existe. No hay ningún animal que se parezca a un leopardo, que cuando observas sus pies es como un oso, y que cuando habla es como un león. Por lo tanto, no es posible interpretarlo literalmente, y detrás de esto hay un lenguaje simbólico. Cada elemento que nos proporciona el texto tiene que significar algo.

I.   EL SUEÑO DEL REY NABUCODONOSOR

También es importante entender que, si no se conoce bien el pasado, no se puede entender el futuro.

Y por ese motivo, lo primero que vamos a estudiar es la figura o la imagen del sueño del rey Nabucodonosor. Para ello, es necesario leer el capítulo 2 del libro de Daniel.

Se trata de un capítulo extraordinario, porque nos habla acerca del sueño del rey Nabucodonosor, en el cual dice que este rey quiso saber su interpretación. Pero cuando se reunió con todos los magos, sátrapas (gobernadores de las provincias) y adivinos de su corte, les dijo lo siguiente: "Quiero que me interpreten el sueño que he tenido, quiero saber su significado. Pero lo primero que quiero es que me digan qué fue lo que soñé, y cuando yo vea que ustedes han sido capaces de contarme lo que soñé, entonces yo sabré que son capaces de interpretarme el sueño".

Esto es algo que nunca antes se había pedido, así que las personas que se encontraban con él le dijeron: "Pero Rey, ¿cómo vamos a interpretar el sueño si no nos lo cuentas? Cuéntanos el sueño, y nosotros te diremos lo que significa".

Y él les dijo: "De eso nada, si no me cuentan el sueño y a continuación su interpretación, los mando matar a todos".

Daniel, que vivía en el palacio de Nabucodonosor, pidió tiempo y dijo: "Bueno, deme tiempo, vamos a orar a ver si el Señor me quiere dar la interpretación, y a continuación, también el sueño que usted ha tenido".

Después de orar, y precisamente en oración, el Señor le reveló lo que había soñado y lo que significaba ese sueño.

> "Daniel respondió delante del rey, diciendo: El misterio que el rey demanda, ni sabios, ni astrólogos, ni magos ni adivinos lo pueden revelar al rey. Pero hay un Dios en los cielos, el cual revela los misterios, y él ha hecho saber al rey Nabucodonosor lo que ha de acontecer en los postreros días. He aquí tu sueño, y las visiones que has tenido en tu cama: Estando tú, oh rey, en tu cama, te vinieron pensamientos por saber lo que había de ser en lo por venir; y el que revela los misterios te mostró lo que ha de ser. Y a mí me ha sido revelado este misterio, no porque en mí haya más sabiduría que en todos los vivientes, sino para que se dé a conocer al rey la interpretación, y para que entiendas los pensamientos de tu corazón" (Dn. 2:27-30).

Daniel no se estaba atribuyendo la gloria para sí mismo, lo que estaba dejando bien claro es que no existía hombre alguno en la tierra que fuera capaz de interpretarlo, ni siquiera él. Sin embargo, seguidamente exalta y levanta la figura de Dios diciendo: "Pero hay un Dios en los cielos que lo sabe todo, que lo conoce todo...".

Ahora bien, la interpretación del sueño es algo impresionante, porque usted se va a dar cuenta de que Dios es el único que conoce y revela la historia cuando Él quiere y como Él quiere.

"Tú, oh rey, veías, y he aquí una gran imagen. Esta imagen, que era muy grande, y cuya gloria era muy sublime, estaba en pie delante de ti, y su aspecto era terrible. La cabeza de esta imagen era de oro fino; su pecho y sus brazos, de plata; su vientre y sus muslos, de bronce; sus piernas, de hierro; sus pies, en parte de hierro y en parte de barro cocido. Estabas mirando, hasta que una piedra fue cortada, no con mano, e hirió a la imagen en sus pies de hierro y de barro cocido, y los desmenuzó. Entonces fueron desmenuzados también el hierro, el barro cocido, el bronce, la plata y el oro, y fueron como tamo de las eras del verano, y se los llevó el viento sin que de ellos quedara rastro alguno. Mas la piedra que hirió a la imagen fue hecha un gran monte que llenó toda la tierra. Este es el sueño; también la interpretación de él diremos en presencia del rey. Tú, oh rey, eres rey de reyes; porque el Dios del cielo te ha dado reino, poder, fuerza y majestad. Y dondequiera que habitan hijos de hombres, bestias del campo y aves del cielo, él los ha entregado en tu mano, y te ha dado el dominio sobre todo; tú eres aquella cabeza de oro. Y después de ti se levantará otro reino inferior al tuyo; y luego un tercer reino de bronce, el cual dominará sobre toda la tierra. Y el cuarto reino será fuerte como hierro; y como el hierro desmenuza y rompe todas las cosas, desmenuzará y quebrantará todo. Y lo que viste de los pies y los dedos, en parte de barro cocido de alfarero y en parte de hierro, será un reino dividido; mas habrá en él algo de la fuerza del hierro, así como viste hierro mezclado con barro cocido. Y por ser los dedos de los pies en parte de hierro y en parte de barro cocido, el reino será en parte fuerte, y en parte frágil. Así como viste el hierro mezclado con barro, se mezclarán por medio de alianzas humanas; pero no se unirán el uno con el otro, como el hierro no se mezcla con el barro. Y en los días de estos reyes el Dios del cielo levantará un reino que no será jamás destruido, ni será el reino dejado a otro pueblo; desmenuzará y consumirá a todos estos reinos, pero él permanecerá para siempre, de la manera que viste que del monte fue cortada una piedra, no con mano, la cual desmenuzó el hierro, el bronce, el barro, la plata y el oro. El gran Dios ha mostrado al rey lo que ha de acontecer en lo por venir; y el sueño es verdadero, y fiel su interpretación" (v. 31-45).

Ante semejante revelación, este Rey soberbio, que era quien gobernaba la tierra en aquel momento, dice que "se postró sobre su rostro, se humilló ante Daniel, y mandó que le ofrecieran presentes e incienso" (v. 46). Lo que Nabucodonosor estaba viendo era espectacular. "Si usted ha sido capaz, por el poder de su Dios, de recibir la revelación del sueño que yo he tenido, yo no tengo ninguna duda de que lo que me ha interpretado es verdad. La credibilidad que tiene a la hora de interpretarme el sueño, se la da el hecho de que primero me lo ha contado".

En la imagen representada a continuación, podemos ver el sueño y la interpretación del rey Nabucodonosor.

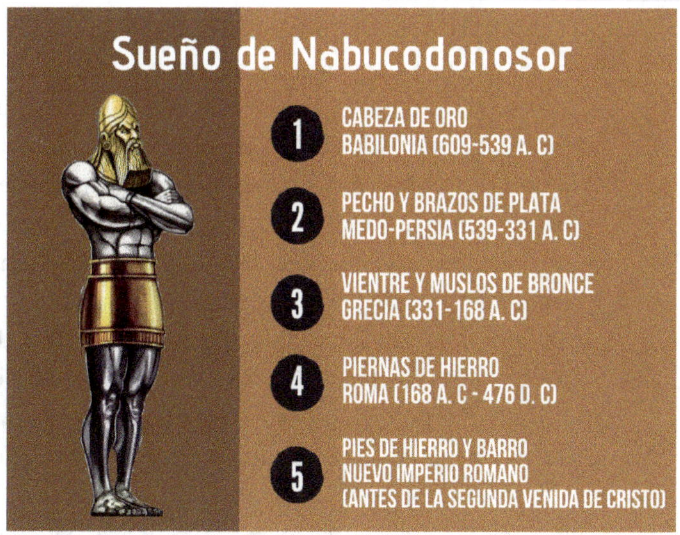

La estatua estaba compuesta por cuatro materiales diferentes: la cabeza de oro, el pecho y los brazos de plata; el vientre y los muslos de bronce; las piernas de hierro; y los pies mezclados con hierro y barro. Va de mayor a inferior categoría. Además, cada reino aparece simbolizado por cada uno de estos materiales:

1) El oro representa al Imperio babilónico, el cual duró desde el 609-539 a. C. Daniel conoció este reino, porque era en el que vivía en aquel tiempo. Este fue el reino que atacó a Jerusalén, destruyó el Templo, y se llevó cautivos a miles y miles de personas (entre ellos a Daniel). También fue el reino que dominaba el mundo en ese momento. Pero la profecía o la

interpretación del sueño profético decía que cuando este reino cayera (porque no era un reino eterno), se levantaría otro reino.

2) Y observen que, como tiene dos brazos, nos habla acerca de dos naciones diferentes: los medos-persas. Este reino duró desde el 539 hasta el 331 a. C. Los persas siguen existiendo actualmente bajo el nombre de Irán (los iraníes son persas). Los medos no tienen tierra, y serían hoy en día los llamados kurdos (los que están siempre tratando de reclamar un trocito de tierra para ellos). Toda esta visión para Daniel era profética ya que aún no había sucedido. Tenemos la certeza de que todo esto fue real no solamente porque la Biblia lo dice, sino porque la historia secular lo corrobora. Efectivamente, todo el mundo sabe que después de la caída del Imperio babilónico, se levantaron y gobernaron muchas naciones de la tierra. Durante mucho tiempo gobernaron los medos-persas, pero ese imperio, que también lo conoció Daniel, cayó.

3) Después, se levantó un tercer imperio que ya Daniel no pudo conocer. Este imperio era el de los griegos, desde el 331 hasta el 168 a. C. y está representado por el vientre y los muslos de bronce. El rey más famoso de este imperio fue Alejandro Magno, del cual indirectamente también habla la Biblia; y lo pueden ver en las profecías de los otros capítulos del libro de Daniel. Pero ese imperio, aunque fue un imperio muy importante y ejerció una influencia tremenda (prueba de ello es que el Nuevo Testamento se escribió en su idioma, el griego), también cayó.

4) Y se levantó un cuarto imperio que está representado por las piernas de hierro, el cual duró alrededor de siete siglos: el Imperio romano. Debemos tener en cuenta que, de todos los miembros del cuerpo humano, los miembros más largos son las piernas, y por ello representan al Imperio romano. Pero hay dos piernas. Así como había dos brazos que representan a los medos y a los persas, también había dos partes del Imperio romano muy importantes: Oriente y Occidente.

5) La capital del Imperio romano en Oriente era Constantinopla, y la capital en Occidente era Roma. Este fue el imperio del Nuevo Testamento, el cual conoció Cristo, que finalizó en el 476 d. C. De los cuatro imperios que se menciona en la Biblia (los cuales iban a aparecer a lo largo de la historia de la humanidad), el único que encontramos en el Nuevo Testamento es el Imperio de los romanos. Estos tres ya habían desaparecido en la época de Cristo: el babilónico, el medo-persa y el griego. Aunque lógicamente dejaron mucha de su influencia, y todavía se pueden ver vestigios, ruinas y monumentos; pero que desaparecieron antes de Cristo.

El Antiguo Testamento (*Tanaj*, en hebreo), nos relata la historia del Imperio babilónico y del Imperio medo-persa. Pero no dice absolutamente nada del tercer imperio, que es el Imperio de los griegos. No tenemos información en nuestras biblias acerca de él.

Pero en el Concilio de Trento (siglo XVI)[2], la Iglesia Católica, a través del Papa Paulo III, decidió incluir siete libros más al Antiguo Testamento. Les recomiendo que lean uno de esos libros llamado "Primera y Segunda de Macabeos".

Si alguien les dice: ¿Por qué la Biblia protestante tiene sesenta y seis libros, y la de los católicos setenta y tres? La respuesta es que le añadieron libros en ese Concilio. Esos libros se llaman, por ejemplo: "Sabiduría"; "Judit"; "Tobías"; "Primera y Segunda de Macabeos". Estos últimos relatan la historia de la influencia del Imperio griego durante el tiempo en que se dividió este imperio, cuando Alejandro Magno fallece y se divide en cuatro.

El Antiguo Testamento termina relatando la historia de los medos-persas. Y al leer el Nuevo Testamento, ya encontramos a los romanos. Entonces uno se pregunta: "¿Y qué pasó con el tercero?". Es necesario saber que entre el Antiguo Testamento y el Nuevo Testamento hay cuatrocientos años de silencio, donde no se cuenta nada. Por ese motivo los griegos no aparecen en el Antiguo Testamento. Pero estaba profetizado por el Señor que habría un tercer imperio gobernando, llamado el Imperio de los griegos o de los macedonios.

Así que, lo que les recomiendo que se aprendan de memoria son ocho palabras:

⇨ Oro
⇨ Plata
⇨ Bronce
⇨ Hierro

____

[2] El Concilio de Trento fue un concilio ecuménico de la Iglesia católica desarrollado en periodos discontinuos durante veinticinco sesiones entre los años 1545 y 1563.

- ⇨ Babilonia
- ⇨ Medo-Persia
- ⇨ Grecia
- ⇨ Roma

Por medio de los cuatro materiales mencionados, ustedes sabrán que la interpretación del sueño del rey Nabucodonosor consistía en revelarle al propio Rey la historia de los cuatro imperios (los cuales tendrían mucho que ver con el pueblo de Dios, tanto en el Antiguo como en el Nuevo Testamento).

Se podrían enumerar muchas cosas acerca de cada uno de los imperios. Por ejemplo, en el caso del Imperio babilónico, fue el que destruyó el primer Templo. Y fue el segundo, el Imperio medo-persa, el que permitió la reconstrucción del segundo Templo. En este segundo periodo se encuentra la historia del libro de Ester, donde encontramos al rey Asuero; al rey Artajerjes; al rey Darío; al rey Ciro; etc.

Después, fue el Imperio griego (con su cultura, su filosofía y su idioma tremendamente rico), el que el Señor utilizó para la traducción de la Biblia por primera vez en la historia. Fue la primera vez que se tradujo el Antiguo Testamento, porque el Nuevo Testamento aún no estaba escrito.

Esa versión se conoce como "la Biblia de la Septuaginta". Porque se llevaron a setenta intérpretes de la Biblia a la ciudad de Alejandría, donde se les pidió que la tradujeran.

Y fue el cuarto imperio el que, por así decirlo, inventó el sistema de muerte más despiadado y humillante del mundo: la crucifixión. Este era el método que estaba profetizado que emplearían con la figura de Cristo (*cf.* Is. 53; Sal. 22).

Por eso el Mesías no podía haber nacido antes del Imperio romano, porque aún no existía la crucifixión.

Ahora bien, respecto al sueño que tuvo el rey Nabucodonosor, se pueden imaginar la soberbia que tuvo que haber experimentado cuando Daniel le dijo: "Tu reino es solamente la cabeza de oro, cuando tu reino caiga se levantará un segundo, un tercero y un cuarto imperio".

Si continúan leyendo el libro de Daniel, se van a dar cuenta de que en el capítulo 3, Nabucodonosor manda construir una imagen hecha completamente de oro (desde la cabeza hasta los pies), como diciendo: "Yo no reconozco, yo no acepto". Por mucho que se haya humillado y haya reconocido que el Dios de Daniel era el verdadero... hay un momento en el que reflexiona y dice: "¿Cómo? ¿Que habrá un segundo imperio, un tercero, y un cuarto? De eso nada". Y manda a construir esa estatua de oro: *"El rey Nabucodonosor hizo una estatua de oro cuya altura era de sesenta codos, y su anchura de seis codos; la levantó en el campo de Dura, en la provincia de Babilonia"* (Dn. 3:1). Se trataba claramente de un atentado contra la revelación divina, pues transmitía un mensaje claro: "Toda la estatua va a ser de oro porque mi reino va a durar eternamente".

Sin embargo, más adelante nos encontramos con el gran milagro de aquellos tres jóvenes que dice la Biblia que no quisieron postrarse ante la imagen de oro, los cuales fueron arrojados dentro de un horno de fuego; y el Señor los salvó milagrosamente de la muerte (*cf.* Dn. 3:16-30). De nuevo, el rey Nabucodonosor cae de rodillas y reconoce que el Dios de estos muchachos es el Dios verdadero. Pero aún así, más adelante vendrán otros momentos en los que volverá a mostrar su soberbia y orgullo. Porque a pesar de las cosas tremendas que estaba viendo, él siguió con su actitud reiterativa de no querer reconocer los hechos.

Los cuatro imperios ya forman parte de la historia. Pero ¿qué es lo que ocurre? En el capítulo 2 del libro de Daniel, es donde aparece este sueño con su correspondiente interpretación. Pero, a su vez, Daniel también tuvo un sueño en el capítulo 7. En este momento ustedes se darán cuenta de la importancia de comprender la interpretación de este sueño que tuvo Daniel, ya que les permitirá entender los primeros versículos que leímos en Apocalipsis capítulo 13.

I.   EL SUEÑO DE DANIEL

A continuación, veamos lo que sucedió con Daniel.

"En el primer año de Belsasar rey de Babilonia tuvo Daniel un sueño, y visiones de su cabeza mientras estaba en su lecho; luego escribió el sueño, y relató lo principal del asunto. Daniel dijo: Miraba yo en mi visión de noche, y he aquí que los cuatro vientos del cielo combatían en el gran mar. Y cuatro bestias grandes, diferentes la una de la otra, subían del mar. La primera era como león, y tenía alas de águila. Yo estaba mirando hasta que sus alas fueron arrancadas, y fue levantada del suelo y se puso enhiesta sobre los pies a manera de hombre, y le fue dado corazón de hombre. Y he aquí otra segunda bestia, semejante a un oso, la cual se alzaba de un costado más que del otro, y tenía en su boca tres costillas entre los dientes; y le fue dicho así: Levántate, devora mucha carne. Después de esto miré, y he aquí otra, semejante a un leopardo, con cuatro alas de ave en sus espaldas; tenía también esta bestia cuatro cabezas; y le fue dado dominio. Después de esto miraba yo en las visiones de la noche, y he aquí la cuarta bestia, espantosa y terrible y en gran manera fuerte, la cual tenía unos dientes grandes de hierro; devoraba y desmenuzaba, y las sobras hollaba con sus pies, y era muy diferente de todas las bestias que vi antes de ella, y tenía diez cuernos. Mientras yo contemplaba los cuernos, he aquí que otro cuerno pequeño salía entre ellos, y delante de él fueron arrancados tres cuernos de los primeros; y he aquí que este cuerno tenía ojos como de hombre, y una boca que hablaba grandes cosas. Estuve mirando hasta que fueron puestos tronos, y se sentó un Anciano de días, cuyo vestido era blanco como la nieve, y el pelo de su cabeza como lana limpia; su trono llama de fuego, y las ruedas del mismo, fuego ardiente. Un río de fuego procedía y salía de delante de él; millares de millares le servían, y millones de millones asistían delante de él; el Juez se sentó, y los libros fueron abiertos. Yo entonces miraba a causa del sonido de las grandes palabras que hablaba el cuerno; miraba hasta que mataron a la bestia, y su cuerpo fue destrozado y entregado para ser quemado en el fuego. Habían también quitado a las otras bestias su dominio, pero les había sido prolongada la vida hasta cierto tiempo. Miraba yo en la visión de la noche, y he aquí con las nubes del cielo venía uno como un hijo de hombre, que vino hasta el Anciano de días, y le hicieron acercarse delante de él. Y le fue dado dominio, gloria y reino, para que todos los pueblos, naciones y lenguas le sirvieran; su dominio es dominio eterno, que nunca pasará, y su reino uno que no será destruido. Se me turbó el espíritu a mí, Daniel, en medio de mi cuerpo, y las visiones de mi cabeza me asombraron. Me acerqué a uno de los que asistían, y le pregunté la verdad acerca de todo esto. Y me habló, y me hizo conocer la interpretación de las cosas. Estas cuatro grandes bestias son cuatro reyes que se levantarán en la tierra. Después recibirán el reino los santos del Altísimo, y poseerán el reino hasta el siglo, eternamente y para siempre. Entonces tuve deseo de saber la verdad acerca de la cuarta bestia, que era tan diferente de todas las otras, espantosa en gran manera, que tenía dientes de hierro y uñas de bronce, que devoraba y desmenuzaba, y las sobras hollaba con sus pies; asimismo acerca de los diez cuernos que tenía en su cabeza, y del otro que le había salido, delante del cual habían caído tres; y este mismo cuerno tenía ojos, y boca que hablaba grandes cosas, y parecía más grande que sus compañeros. Y veía yo que este cuerno hacía guerra contra los santos, y los vencía hasta que vino el Anciano de días, y se dio el juicio a los santos del Altísimo; y llegó el tiempo, y los santos recibieron el reino. Dijo así: La cuarta bestia será un cuarto reino en la tierra, el cual será diferente de todos los otros reinos, y a toda la tierra devorará, trillará y despedazará. Y los diez cuernos significan que de aquel reino se levantarán diez reyes; y tras ellos se levantará otro, el cual será diferente de los primeros, y a tres reyes derribará. Y hablará palabras contra el Altísimo, y a los santos del Altísimo quebrantará, y pensará en cambiar los tiempos y la ley; y serán entregados en su mano hasta tiempo, y tiempos, y medio tiempo. Pero se sentará el Juez, y le quitarán su dominio para que sea destruido y arruinado hasta el fin, y que el reino, y el dominio y la majestad de los reinos debajo de todo el cielo, sea dado al pueblo de los santos del Altísimo, cuyo reino es reino eterno, y todos los dominios le servirán y obedecerán. Aquí fue el fin de sus palabras. En cuanto a mí, Daniel, mis pensamientos me turbaron y mi rostro se demudó; pero guardé el asunto en mi corazón" (Dn. 7:1-28).

- **Las cuatro bestias**

Las visiones y los sueños que tenían en este tiempo eran impresionantes. Y ya que el primer sueño del rey Nabucodonosor quedó interpretado, centrémonos en lo que significan las cuatro bestias que hemos leído anteriormente:

1) El primer animal que vio Daniel fue "un león con alas" (v. 4).

2) El segundo animal, "un oso con tres costillas en la boca" (v. 5), del cual dice que "estaba apoyado sobre una pierna más que de la otra"; lo cual refleja una falta de estabilidad tremenda.

3) El tercer animal que vio fue "un leopardo con cuatro cabezas" (v. 6).

4) Y la cuarta bestia: "una cabeza, diez cuernos, terrible, espantosa, destructiva, sin piedad, sin misericordia..." (v. 7).

Esto fue algo que espantó muchísimo a Daniel. Pero él, más que nada quería saber qué simbolizaba esta cuarta bestia. Entonces, podemos concluir que la interpretación de lo que representan estos animales es exactamente la misma que la interpretación del capítulo 2 de este mismo libro.

Daniel, como siervo de Dios, vio la "ferocidad" de los reinos. Mientras que Nabucodonosor, como rey, vio la "grandeza" de los reinos: el oro, la plata, etc.

- **Los cuatro imperios**

A continuación, veamos la similitud entre el sueño de Daniel y el sueño del Rey Nabucodonosor:

1) "La cabeza de oro" representa, o representaba, a Babilonia. La rapidez de ataque de ese imperio está representada por "las alas del león".

2) El "oso" representa a los medos-persas, y es exactamente igual. Uno de los dos era más fuerte que el otro. Los persas eran más fuertes que los medos, y por eso está apoyado en una pata más que en otra. "Las tres costillas" que lleva en la boca, representan a tres naciones: Babilonia, Lidia y Egipto.

3) "El leopardo de cuatro cabezas" representa al Imperio de los griegos. Un dato muy importante a tener en cuenta a la hora de querer interpretar correctamente la profecía bíblica, es que "las cabezas" son imperios, y "los cuernos" son naciones o pueblos.

4) Y, finalmente, la cuarta bestia representa a Roma, al Imperio romano. Esa misma bestia la pueden ver representada en Apocalipsis con los diez cuernos, aunque con siete cabezas en vez de una. Pero no olviden que la Biblia dice que de esa bestia o de ese territorio que ocupó esa bestia de Roma, saldrán diez cuernos, es decir, diez naciones. Y de esos diez cuernos sale uno, que es al que llaman "el cuerno pequeño". El cual hablaba blasfemias contra los santos del Altísimo. Además, les hacía guerra y los vencía. Sin embargo, en ese momento los santos del Altísimo no eran los cristianos, ya que la Iglesia ni existía, estaban a cientos de años antes de Cristo.

Así que, está haciendo una referencia directa a los ataques que recibirían los santos en aquel momento, que era el pueblo de Israel.

Por lo tanto, "el oro y el león con alas" se refiere a Babilonia. Es lo mismo, pero visto desde dos puntos de vista diferentes: Uno como estadista (que es lo que era el rey Nabucodonosor), y el otro como profeta. El "oso" es Medo-Persia, exactamente igual que la plata del pecho y los otros brazos. El "bronce" representa a los griegos, y está representado por el "leopardo de cuatro cabezas".

Y vemos que cuando muere Alejandro Magno, su imperio se divide en cuatro[3]: Lisimaco (Tracia), Seleuco (Babilonia, Siria), Ptolomeo (Egipto) y Casandro (Caria). Estos fueron los

____

[3] Imagen tomada de la página web:
https://unahistoriacuriosa.wordpress.com/2014/03/06/alejandro-magno-muerte-division-de-su-imperio/

cuatro generales que se repartieron el territorio que le perteneció a Alejandro Magno, el cual murió a la edad de treinta años mientras intentaba reconstruir la ciudad de Babilonia.

Es importante que recuerden el nombre de Seleuco ya que, si llegan a leer la Biblia católica, oirán mucho acerca del Imperio griego y de los "Seléucidas" (Libros de la historia de Israel que se le añadieron al Antiguo Testamento, como ya mencioné anteriormente, en el siglo XVI durante el Concilio de Trento). Allí ustedes encontrarán a un personaje terrible llamado Antíoco Epífanes, el cual era un "seleucida". Cuando el Imperio griego se dividió en cuatro, la parte que a él le correspondió fue la parte que conocemos hoy en día como Israel, y es aquel personaje que cogió un cerdo y lo sacrificó en el altar del Templo de Jerusalén.

Acerca de las estrategias de estos cuatro imperios podemos decir, por ejemplo, que el primero destruyó el Templo, ya que no quería que hubiera ningún templo más que el de ellos. Sin embargo, el segundo imperio manda construir un nuevo Templo. En cambio, el tercer imperio no lo destruye, pero lo profana. Y el cuarto imperio finalmente lo vuelve a destruir. Esas son las distintas estrategias que Satanás utilizó a lo largo de la historia para atacar al pueblo de Dios. Unos lo destruyen, y otros intentan que se asimile a la cultura de los griegos. De hecho, en la época de los griegos, el Templo se había convertido en una especie de gimnasio donde tenían sus ídolos y sus estatuas.

Como mencioné anteriormente, la cuarta bestia es, nada más y nada menos que Roma. El león con alas representa a Babilonia. Nótese que en algunos lugares hay edificios que en lo alto tienen un león con alas, o empresas que utilizan este símbolo porque se identifican con el Imperio de Babilonia. La palabra "Babilonia" viene de "Babel", que significa "confusión", perteneciente a la conocida Torre de Babel.

Su capital en aquel tiempo era Nínive, lugar a donde quería enviar el Señor a su siervo el profeta Jonás.

Leamos de nuevo Apocalipsis capítulo 13, e intercambiemos las palabras que aparecen ahí por los nombres de los imperios a los que representan. Al principio, al leerlo, seguramente era difícil de entender, pero gracias a la pequeña explicación que hemos visto, se darán cuenta de que ahora lo entienden perfectamente: *"Me paré sobre la arena del mar, y vi subir del mar una bestia que tenía siete cabezas y diez cuernos; y en sus cuernos diez diademas; y sobre sus cabezas, un nombre blasfemo. Y la bestia que vi era semejante a <u>un griego</u>, y sus pies como de <u>un persa</u>, y su boca como boca de <u>un babilónico</u>. Y el dragón le dio su poder y su trono, y grande autoridad"* (Ap. 13:1-2).

Por lo tanto, se trata de una mezcla. Como pueden ver, el "león" es Babilonia; el "leopardo" es Grecia; el "oso" son los medos-persas; y la "bestia" es Roma. Pero ya no es un animal el que representa a este imperio, sino que ahora lo que representa a esta última bestia se trata de una mezcla. Y esa bestia de la cual está hablando aquí en este pasaje es: el anticristo.

Así que, podemos concluir que habla de dos personajes completamente diferentes: Una bestia (que es el anticristo), y otra bestia (que es el falso profeta). Digamos que el anticristo es un mandatario o jefe de estado que gobierna, y el falso profeta es el que se encarga de lo religioso o lo espiritual.

- ## La bestia o el anticristo

El anticristo o la bestia (como se le llama en el Apocalipsis), es semejante a un leopardo o a un griego. Entonces es necesario indagar y estudiar fuera de la Biblia como era el estilo de vida de la gente griega:

⇨ Eran personas que le daban una importancia tremenda al aspecto físico. Es decir, se trata de un hombre que le va a dar una gran importancia a su imagen, a su aspecto físico. Alguien que se va a cuidar, que tendrá una imagen atractiva o llamativa.

⇨ Además, la mayoría de ellos eran bisexuales, les gustaban tanto las mujeres como los hombres, como los niños o como los animales.

⇨ Eran hedonistas, es decir, tenían el placer como meta u objetivo: pasarlo bien, disfrutar de la vida ya sea a través de las drogas, el sexo, etc.

⇨ La cuna de la Filosofía tiene su origen en Grecia. Eran gente culta, no eran ignorantes. El anticristo sabrá expresarse de una manera extraordinaria. Lean por ejemplo los discursos de Platón, de Aristóteles, de Sócrates, etc. Es alucinante la riqueza de su vocabulario, la demagogia o la oratoria que utilizaban.

⇨ Además, dice que "sus pies" (su forma de actuar), son como los de un "oso". Y los "osos" son los medos-persas. El persa es muy suave en su forma de hablar, muy tranquilo. Su lenguaje es cautivador, porque son seductores; su forma de ser "atrapa".

⇨ Y finalmente, la Biblia afirma que su "boca" es como la de un "león". Por lo tanto, será muy violento.

El anticristo tendrá todas estas características ya que se parecerá a los griegos. En definitiva, como dijimos se trata de una mezcla de culturas, de pueblos y de influencias del pasado.

Es muy importante saber lo que significan los animales[4] del Antiguo Testamento para poder interpretarlos en el Nuevo.

Hay un dato que es fundamental. La última parte del versículo 2 dice que *"el dragón"* (y el dragón en la Biblia es uno de los muchos nombres que recibe Satanás en la Biblia: diablo, serpiente antigua, etc.), *"el dragón o Satanás, le dio poder, su trono* (una sede de gobierno) *y grande autoridad".*

Sería interesante preguntarnos dónde está la sede de gobierno mundial, o por lo menos europea de Satanás hoy en día.

____

[4] Imagen tomada de la página web: https://hubpages.com/religion-philosophy/The-Beast-and-Its-Image

Porque cuando estudiemos las iglesias del Apocalipsis, ustedes verán que hay un mensaje a la iglesia en Pérgamo, a la cual el Señor le dice: "Yo sé donde tienen su congregación, ustedes se congregan donde hoy por hoy Satanás tiene su trono".

Pero hoy en día Satanás no tiene allí su trono, entonces se darán cuenta de que se refiere a las naciones que en los últimos tiempos se unirán para apoyar al anticristo. Se trata de naciones que surgen del antiguo territorio del Imperio romano. Entonces uno tiene que estudiar la historia y preguntarse sobre cuál fue la parte del mundo que conquistaron los romanos.

Los romanos conquistaron toda Europa, todo el norte de África y el Oriente medio. Por ese motivo, en la imagen aparecen dos piernas, porque una pierna representa a un continente y la otra pierna representa a la otra parte: África y Occidente.

Es curioso que el único continente del mundo que se ha unido militar, económica y políticamente, etc. haya sido Europa.

En la Primera Guerra Mundial murieron 65 millones de personas. Una guerra donde franceses, alemanes, ingleses, austríacos, polacos, etc. se odiaban. Sin embargo, hoy en día todos son amigos y se sientan a comer en la misma mesa. El único continente donde se han llevado a cabo dos guerras mundiales ha sido Europa. Sin embargo, hoy en día están unidos y su sede de gobierno está en Bruselas, Bélgica. Y lo que se aprueba en ese lugar, afecta para bien o para mal al resto de Europa. De hecho, en ese lugar los españoles, los franceses, los alemanes, etc. tienen a sus eurodiputados o a sus representantes. Lugar donde se dictan leyes de todo tipo. Además, forman parte de una unión militar a través de la OTAN.

En definitiva, lo que antes era un sueño o algo imposible, como que tuviéramos una moneda en común los alemanes, los franceses, los italianos, los belgas, los portugueses, los griegos, etc. hoy en día es una realidad. El "euro", "Europa", etc.; hasta el nombre de nuestro continente tiene su origen en la mitología griega. Les recomiendo que estudien, vean e indaguen sobre su origen, de dónde proviene su nombre, etc. Pues formaba parte de la mitología en la historia griega. Todos somos conscientes de que el Imperio griego ha caído, pero la influencia griega sigue estando hoy en día entre nosotros de una manera tremenda.

Así que, por una parte, uno ve gente muy culta. Pero, por otra parte, ve que esa gente tan culta, después son unos auténticos salvajes y extremadamente liberales. Porque evidentemente, habrá una mezcla de culturas; de salvajismo; de religiosidad; de espiritualidad... Además, hemos de tener en cuenta que los griegos eran muy religiosos.

Sepan que cuando el apóstol Pablo viajó a Grecia (al Areópago), caminó por la mañana y por la tarde cuando lo invitaron a compartir la Palabra dijo: "Hermanos o amigos, veo que ustedes son gente muy religiosa ya que tienen dioses para todo, incluso observé que construyeron un altar donde abajo, al pie del altar, hicieron una inscripción que dice: "Al dios no conocido". Como diciendo: Por si acaso se nos queda alguno por no adorar, a ese también lo adoramos" (*cf.* Hch. 17:22-23). Pablo, aprovechando esa coyuntura, dijo: "Yo vengo a hablaros de ese Dios al que ustedes ignoran". Y comenzó a predicarles la Palabra.

Llegados a este punto, ya deberíamos saber interpretar los materiales. Por ejemplo, si yo dijera "la plata", ustedes deberían saber que representa a los medos-persas; "el oro" a Babilonia; "el leopardo de cuatro cabezas" la división del Imperio griego cuando muere Alejandro Magno; "los cuatro generales" los griegos; "la bestia con una cabeza y diez cuernos" los romanos; y "el león con alas" los babilonios.

De aquí en adelante interpretaremos los caballos que cambian de color, y también el lenguaje simbólico que se emplea cuando se habla de algunos imperios en particular; como, por ejemplo: "el macho cabrío" y "el carnero". Seguidamente, también veremos que hay una batalla entre ellos. Estudiaremos como se enfrentan el uno al otro, y como hay un cuerno que le crece de manera totalmente desproporcional.

Como ya mencioné anteriormente, el libro de Apocalipsis está escrito en un lenguaje simbólico que hay que dominar para poder entenderlo. Pero lo que yo creo que es fundamental, es que después (con toda esta información), sepan colocar cada pieza en su lugar. Es decir, todo el mundo ha oído hablar algo del anticristo, de la marca de la bestia; del falso profeta; del Armagedón; etc. Pero, ¿dónde va cada una de esas piezas? ¿Qué aparece primero? ¿Los sellos, las copas, las trompetas; el caballo negro; el caballo blanco; el amarillo...? ¿Qué sucederá primero? ¿La marca de la bestia o el arrebatamiento de la Iglesia? ¿Qué va segundo? ¿La Gran Tribulación?

Cada pieza es importante, y hay que saber colocar cada una en su sitio. Y a lo largo de los siguientes capítulos, voy a enumerar dichos acontecimientos y mencionaré algunos versículos para que se aprendan el orden y sean capaces de explicarlos.

Capítulo 2. La Gran Tribulación

Hay un libro que les recomiendo encarecidamente, del conocido autor Dwight Pentecost, y se llama "Eventos del porvenir". Se trata de un libro que se escribió en la década de los años 50, y en él se presentan las diferentes posturas doctrinales acerca de si la Iglesia pasará o no la Gran Tribulación.

A continuación, vamos a ir a la luz de las Escrituras intentando dejar de lado los prejuicios para ver qué es lo que dice la Biblia acerca de esto: *"He aquí, os digo un misterio..."* (1 Co. 15:51a). Podríamos decir que la palabra "misterio" se podría haber traducido también por la palabra "secreto". Pablo dijo: "Les voy a revelar un secreto, algo que nadie ha revelado; algo que nunca se ha dicho ni escrito hasta este momento". *"No todos dormiremos; pero todos seremos transformados..."* (1 Co. 15:51b).

La palabra que aparece ahí es "metamorfosis", que es el proceso que permite que un gusano se convierta en mariposa; se trata de un cambio de naturaleza total y absoluto. Y esa transformación o metamorfosis se producirá en el verso 52: *"En un momento, en un abrir y cerrar de ojos, a la final trompeta; porque se tocará la trompeta, y los muertos serán resucitados incorruptibles, y nosotros seremos transformados"*. Aquí da un dato espectacular que muchas veces no sé por qué no se ha tenido en cuenta: *"A la final trompeta"*. Es decir, esta transformación instantánea, en décimas de segundo, en un momento o en un abrir y cerrar de ojos. Será *"a la final trompeta"*. *"Porque es necesario que esto corruptible se vista de incorrupción y esto mortal se vista de inmortalidad"* (v. 53).

Y el verso 54 dice: *"Y cuando esto corruptible se haya vestido de incorrupción, y esto mortal se haya vestido de inmortalidad, entonces se cumplirá la palabra que está escrita: Sorbida es la muerte en victoria".*

I.   CRONOLOGÍA

Una vez que hemos leído el capítulo 1 del libro de Apocalipsis, ya entramos directamente a los mensajes que el Señor tiene para las diferentes iglesias. Y en esos mensajes nos daremos cuenta de que en el libro de Apocalipsis se revelan veintiún juicios diferentes, clasificados en tres grupos de siete. A continuación, trataré de explicar la cronología de lo que llamamos la Gran Tribulación o como se conoce en el Antiguo Testamento bajo el nombre de "Tiempo de angustia de Jacob" (*cf.* Jer. 30:7). Ambas significan exactamente lo mismo.

El libro de Apocalipsis, aunque es muy extenso, tan solo tiene veintidós capítulos. En él se relatan los últimos siete años antes de la segunda venida de Cristo. Y en esos siete últimos años, aparecen estos términos:

- 42 meses.
- 1260 días.
- Tres años y medio.
- Y el último término que aparece es "tiempos" en plural: tiempos, tiempo y la mitad de un tiempo.

Estas cuatro expresiones significan exactamente lo mismo. Dependiendo del autor o del libro que leamos, encontraremos uno o varios de los términos que acabo de mencionar.

En la Gran Tribulación, esos siete años (que sería la semana número setenta del profeta Daniel), se dividen en dos partes exactamente iguales.

CRONOLOGÍA DEL APOCALIPSIS

1ª PARTE 3 AÑOS Y MEDIO	2ª PARTE 3 AÑOS Y MEDIO
7 SELLOS 7 TROMPETAS 2 TESTIGOS 144.000 SELLADOS ANTICRISTO 1ª RESURRECCIÓN FALSO PROFETA RECONSTRUCCIÓN DEL TEMPLO	7 COPAS DE LA IRA LA MARCA "666" EL MILENIO 2ª RESURRECIÓN ARMAGEDÓN
AÑO 1 3 AÑOS Y MEDIO AÑO 7	

De manera que, como podemos ver en la gráfica anterior, en la Gran Tribulación está claramente diferenciada la primera parte de la segunda parte.

Pero, aunque la primera parte dure tres años y medio y la segunda exactamente igual, hay diferencias entre la primera y la segunda:

1) Si comenzamos a leer el libro del Apocalipsis, lo primero que nos encontraremos son "los sellos". Se trata de un pergamino con una serie de sellos cerrados para que evidentemente no se puedan abrir. Dichos sellos ocurren en la primera parte de la Gran Tribulación. Y cada vez que un sello es abierto, lo que está escrito en él es revelado.

2) Cuando terminan los siete sellos, comienzan "las siete trompetas".

3) Y en la segunda parte de la Gran Tribulación, es cuando se derraman "las siete copas de la ira"[5].

Es necesario saber esto, pues hay personas que tienden a mezclarlo todo, y uno de los objetivos de este libro, no es solamente transmitirles la información de lo que dice la Biblia, sino que después sepan ordenar toda esta información según el periodo en el que corresponde.

Por ejemplo, los siete sellos del Apocalipsis comienzan con la aparición de una serie de caballos que van cambiando de color, y a continuación, cuando ya se han cumplido los siete juicios terribles de los sellos, vienen siete peores todavía. De los cuales la Biblia dice que cuando se toca una trompeta, automáticamente ocurre algo en la tierra. Y al tocar la segunda, vuelve a suceder algo en la tierra.

Tener esta información nos ayuda muchísimo, ya que al leer sobre los siete sellos y las siete trompetas, usted puede saber en todo momento en qué parte se encuentra.

Y, finalmente, lo peor de todo ocurre con las "siete copas de la ira". Si volvemos a leer 1ª de Corintios capítulo 15, versículos 51 y 52, veremos que las cosas no se mencionan sin una causa aparente, todo tiene una razón de ser. La información que da el apóstol Pablo en este pasaje es tremenda, pues nos ofrece unos datos con una exactitud absoluta:

⇨ "He aquí, os voy a decir un misterio, un secreto: No todos dormiremos" (es decir, no todos se van a morir). El sinónimo de dormir es morir.

⇨ *"Pero todos seremos transformados, en un momento, en un abrir y cerrar de ojos"*: Algo que no da tiempo ni para pensar.

⇨ ¿Cuándo se va a producir eso? Todas las biblias del mundo lo dicen: *"a la final trompeta"*.

____

[5] Nótese la repetición del término "siete".

⇨ Antes de los siete toques de trompeta, o de esos siete juicios terribles en la tierra (donde hay cataclismos, tsunamis, etc.), hay primeramente siete sellos. Entonces, por sentido común, los siete sellos se tienen que dar primero; y a continuación, las siete trompetas. Además, la Biblia dice que ocurrirá "en un momento y en un abrir y cerrar de ojos", "a la final trompeta", "donde los muertos serán resucitados incorruptibles", "y luego nosotros seremos transformados".

Muchas veces, las personas me preguntan: "**¿Pasa o no pasa la Iglesia por alguna parte de la Gran Tribulación?**". Y yo les digo: "Bueno, pues lean la Biblia y escudriñen lo que en ella se dice".

Yo estoy seguro de que muchos de los que están leyendo esta información por primera vez en su vida, incluidos pastores e incluidas personas que se suben al púlpito y predican la Palabra, dicen: "Pero hermano, toda la vida a mí me han enseñado que la Iglesia no pasa por ninguna parte de la Gran Tribulación: ni la primera; ni la mitad; ni la última". A mí también me enseñaron eso cuando estudié en el seminario o en la escuela bíblica. Y a mí también me dijeron que nosotros nos vamos, que cuando las cosas se empiecen a poner "feas" o "complicadas", la Iglesia se va. Y que los que se quedan son los judíos; los malvados; los que no quisieron aceptar el Evangelio, etc.

Pero sucede que en el momento en el que le enseñan a uno sobre estas cosas, uno no tiene mucha información o muchos datos para poder corroborarlo. Sin embargo, según van pasando los años y va estudiando e indagando y profundizando en las Sagradas Escrituras, se va dando cuenta de que a veces hay cosas que uno las cree porque se las enseñaron de esa forma, pero no porque llegó a esa conclusión estudiando la Biblia por sí mismo y confirmando que eso realmente era así. Así que es súper importante que uno mismo estudie y se informe de las cosas.

En el año 1832, siglo XIX, un señor llamado John Nelson, por primera vez en la historia del cristianismo afirmó que la Iglesia no pasaría por ninguna parte de la Gran Tribulación. Y un señor llamado Scofield (de hecho, hay una Biblia que se llama la Biblia de Scofield), registró esta postura doctrinal o la opinión del señor John Nelson[6] en 1832. Así que, a partir de ese año, muchas iglesias sobre todo las de "denominación pentecostal" se acogieron a esta postura; contrariamente a las iglesias tradicionales o el protestantismo oficial.

Pero vemos que hasta el 1832, los cristianos creían que la Iglesia iba a pasar por la Gran Tribulación: "Porque el que quiera vivir piadosamente sufrirá persecución" (*cf.* 2 Timoteo 3:12). Nuestros hermanos en Cristo, durante siglos y siglos pasaron terribles persecuciones. Lean por ejemplo la historia del cristianismo durante los primeros trescientos años del Imperio romano, hubo una masacre y una persecución terrible: crucifixiones en la arena del circo romano, morían despedazados, quemados... Aquello fue terrible. Siempre ha habido persecución contra la Iglesia, y los cristianos nunca se han sentido mal por ello. En momentos puntuales, cuando Él lo ha creído oportuno, el Señor ha permitido que la iglesia pasara por tribulaciones. Pues Él no nos prometió que no pasaríamos por momentos difíciles.

Se que, a lo mejor, al leer esto algunos estén pensando en aquel versículo que dice: "Dios no nos ha puesto para ira, sino para alcanzar salvación" (*cf.* 1 Tes. 5:9).

A esas personas que vienen a mí con esta pregunta o con ese argumento, siempre les digo: "¿A qué ira se está usted refiriendo?".

En el libro de Apocalipsis se mencionan tres iras diferentes:

1. Cita claramente: "la ira del dragón". Y como vimos anteriormente, el dragón es Satanás.

____

[6] John Nelson Darby (1800-1882). Fue el primero en enseñar que la venida de Cristo consistía en dos etapas separadas entre sí por un periodo de tiempo (dispensacionalismo).

2. También, literalmente: "la ira "de las naciones".
3. Y la tercera: "la ira del Cordero".

Cuando leemos el versículo "Dios no nos ha puesto para ira", nosotros que somos su cuerpo, su amada Iglesia, sus hijos... ¿De qué ira estamos exentos? Pues de "la ira de Dios, del Señor". Dios ya no está airado con nosotros, y hemos sido justificados a través de la sangre del Cordero; a través de la sangre de Cristo. Si no fuera por la justificación o la redención que obtuvo Cristo en la cruz del Calvario por nosotros, estaríamos destinados a la condenación eterna y a la ira de Dios. La Palabra dice que al pecador Dios lo mira de lejos, es más, ni lo escucha. La única posibilidad que el pecador tiene de ser oído por Él es que se humille y se arrepienta, entonces Dios lo perdona. Cuando se convierte y le pide perdón por su mala vida, por sus pecados, etc. entonces automáticamente queda exento y libre de la ira del Señor.

Sobre "la ira de las naciones", ¿no se han airado ya muchas naciones contra los cristianos y algunas como Irán, Afganistán, entre otras, lo siguen haciendo?

Y sobre "la ira del dragón", ¿cuántas veces Satanás se ha ensañado contra la Iglesia? Es evidente que Dios le ha dado gracia y fortaleza, pero cuando vemos a los tres jóvenes en Babilonia que metieron dentro del horno de fuego y no se quemaron, todos sabemos que eso fue una gran excepción. Sin embargo, por ejemplo ¿cuántos hermanos nuestros aquí en España han muerto quemados en la hoguera? Por lo tanto, en cualquier momento podemos sufrir persecución. La Iglesia puede ser atacada como lo está siendo en muchos países en la actualidad. Lo que ocurre es que la mayoría de nosotros vivimos en países donde esto no sucede, pero hay muchos hermanos nuestros en este momento que están sufriendo tremendas persecuciones.

Nunca me olvidaré de un día mientras estudiaba Escatología Bíblica en el seminario, cuando el maestro que nos daba clase nos dijo que una vez había recibido una carta de unos hermanos procedentes de China, y en ella le preguntaban si ya habían comenzado los siete sellos, o si ya estábamos en la Gran Tribulación. La vida de un cristiano en China es completamente diferente a la vida de un cristiano en Honolulu, Hawái, o en Europa.

En definitiva, hasta el 1832 los creyentes creían que pasarían por tribulaciones, dificultades, persecuciones, etc. y lo consideraban un privilegio.

Pero, a partir del siglo XIX en adelante hasta el día de hoy, congregaciones y denominaciones enteras han adoptado lo que más les gusta: "Cuando empiece la Gran Tribulación, las persecuciones; las situaciones complicadas; etc. resulta que nosotros no vamos a estar".

Pero eso no es lo que dice la Biblia, el apóstol Pablo dijo: *"a la final trompeta"* (*cf.* 1 Cor. 15:52). Y que yo sepa, en la Biblia hay siete trompetas. Curiosamente, si leen detenidamente la séptima trompeta, la Biblia afirma que dos personas que conocemos bajo el nombre de "los dos testigos" o "los dos ungidos", serán asesinados en Jerusalén y resucitarán cuando suene la séptima trompeta.

II.   EL RAPTO O ARREBATAMIENTO

"Tampoco queremos, hermanos, que ignoréis acerca de los que duermen, para que no os entristezcáis como los otros que no tienen esperanza. Porque si creemos que Jesús murió y resucitó, así también traerá Dios con Jesús a los que durmieron en él. Por lo cual os decimos esto en palabra del Señor: que nosotros que vivimos, que habremos quedado hasta la venida del Señor, no precederemos a los que durmieron. Porque el Señor mismo con voz de mando, con voz de arcángel, y con trompeta de Dios, descenderá del cielo; y los muertos en Cristo resucitarán primero. Luego nosotros los que vivimos, los que hayamos quedado, seremos arrebatados juntamente con ellos en las nubes para recibir al Señor en el aire, y así estaremos siempre con el Señor. Por tanto, alentaos los unos a los otros con estas palabras" (1 Tes. 4:13-18).

Pablo pensaba que iba a ser arrebatado, y que iba a experimentar la segunda venida del Señor; pero no fue así. Lean lo que continúa diciendo: *"Pero acerca de los tiempos y de las ocasiones, no tenéis necesidad, hermanos, de que yo os escriba. Porque vosotros sabéis perfectamente que el día del Señor vendrá así como ladrón en la noche; que cuando digan: Paz y seguridad, entonces vendrá sobre ellos destrucción repentina, como los dolores a la mujer encinta, y no escaparán. Mas vosotros, hermanos, no estáis en tinieblas, para que aquel día os sorprenda como ladrón"* (1 Tes. 5:1-4).

El apóstol Pablo utiliza la expresión: "Jesús vendrá como ladrón en la noche". Y, sin embargo, también dice: "Velad y orad, vosotros no estáis en tinieblas para que aquel día os sorprenda como ladrón en la noche". ¿En qué quedamos? Si viene como ladrón en la noche, ¿nos va a sorprender, o no nos va a sorprender? Pues lo que es cierto es que a nosotros no nos va a sorprender que Cristo venga, de hecho, la Iglesia debería tener la actitud permanente de estar esperando al Señor. Y además menciona que, si el padre de familia está velando, a él no le van a robar. Pero al que roban, es al que se duerme, al que se despista, al que se distrae... pues automáticamente vienen y le roban. Y cuando se da cuenta, ya es demasiado tarde.

En consecuencia, para el mundo, el Señor vendrá como ladrón en la noche, pero todas las señales (la cronología del Apocalipsis, los versículos de Pablo; las cartas que escribió el apóstol Juan; el libro de Daniel; Ezequiel, etc.) a nosotros nos advierten y nos preparan para saber en qué momento de la historia nos encontramos. En definitiva, la Palabra de Dios afirma que tanto el arrebatamiento como la resurrección de los muertos en Cristo, no sucederá hasta que sea el toque de la final trompeta.

En la Biblia hay dos resurrecciones: la primera se llama "la resurrección de los muertos en Cristo" o "la resurrección para vida". Y al final de la Gran Tribulación, se produce la segunda.

En la primera parte de la Gran Tribulación suceden los sellos, las trompetas, y al final de las mismas: la primera resurrección. En la segunda parte, las copas de la ira. Y al final, la segunda resurrección.

En la primera parte de la Gran Tribulación, también encontramos a los "dos testigos". Está escrito que ellos predicarán durante mil doscientos sesenta días, al final de los tres años y medio los matarán sin darles después sepultura; los dejarán tirados en una plaza pública de Jerusalén; y al tercer día, resucitarán.

En la segunda parte de la Gran Tribulación es donde aparece el conocido número "666" o "la marca de la bestia". También es donde se produce la batalla del Armagedón, donde millones de personas, soldados procedentes de todas las partes del mundo, vienen y se dan lugar en el valle de Meguido[7].

Les cuento todo esto para que cuando escuchen: "Armagedón", "anticristo", el "falso profeta", etc. no solamente sepan de qué se trata, si no que conozcan el orden en el que van a suceder.

III.   LA SEGUNDA VENIDA DEL SEÑOR

Previamente a la venida del Señor habrá muchas señales, y vemos que hay una porción espectacular de la Biblia (la cual está escrita con un orden matemático y extraordinario), que nos ayudará a entender las secuencias del plan profético de Dios. Es uno de mis pasajes favoritos a la hora de explicar este tema, porque cualquiera puede entender lo que a continuación vamos a leer.

____

[7]Se trata de un valle inmenso en Israel.

Permítanme, previamente, hacer énfasis en estas dos palabras: "Epifanía" y "Parusía". La palabra epifanía siempre hace referencia (en el texto griego del Nuevo Testamento), a la primera venida de Cristo; a la primera aparición del Mesías cuando viene como Cordero y como Siervo sufriente a morir y a pagar el precio de nuestros pecados.

Cuando Pablo escribió esta carta a los Tesalonicenses, la epifanía o la primera venida del Señor ya se había producido. Solamente en el Nuevo Testamento hay más de ciento cincuenta versículos que hablan de la segunda venida de Cristo. Para referirse a la segunda venida de Cristo se utiliza la palabra "parusía", con el fin de diferenciarla de la primera. Pablo habló más de cincuenta veces en sus cartas sobre la segunda venida de Cristo. Si solamente leyéramos el Antiguo Testamento, llegaríamos a la conclusión de que el Mesías iba a venir dos veces: una primera vez a sufrir y a morir, y una segunda vez a reinar. Ese fue el gran problema del pueblo de Israel, que no aceptaba que primeramente el Mesías vendría a morir, y después a reinar. Por ese motivo lo siguen esperando por primera vez. Si solamente tuviéramos el Antiguo Testamento, hay ocho veces más material para estudiar la segunda venida del Mesías que la primera. Es decir, nos encontramos en un tema de trascendental importancia.

En la segunda carta a los Tesalonicenses capítulo 2, el versículo 1 dice: *"Pero con respecto a la venida de nuestro Señor Jesucristo, y nuestra reunión con él, os rogamos, hermanos"*. Yo les pregunto, ¿a qué venida se refiere? ¿Qué palabra aparece ahí en el texto griego original[8]?

Si leen el texto griego, se van a dar cuenta de lo que dice en el versículo 1: *"Con respecto a la <u>parusía</u>, y nuestra reunión con él, os rogamos, hermanos, que no os dejéis mover fácilmente de vuestro modo de pensar, ni os conturbéis, ni por espíritu, ni*

---

[8]Bibliografía recomendada: "Comentario al texto griego del Nuevo Testamento: obra completa (6 tomos en 1)" por el doctor Robertson, Archibald Thomas.

por palabra, ni por carta como si fuera nuestra, en el sentido de que el día del Señor está cerca". Y el versículo 3a dice: *"Nadie os engañe en ninguna manera; porque no vendrá..."*. ¿Quién? Pues el Señor Jesucristo, ya que estamos hablando de la segunda venida del Señor.

"No vendrá sin que antes venga la apostasía, y se manifieste el hombre de pecado, el hijo de perdición" (v. 3b). Estos son adjetivos o expresiones para referirse al anticristo.

Este hombre de pecado o hijo de perdición es, nada más y nada menos que el anticristo. Y dice: *"El cual se opone y se levanta contra todo lo que se llama Dios o es objeto de culto; tanto que se sienta en el templo de Dios como Dios, haciéndose pasar por Dios"* (v. 4).

Cuando el apóstol Pablo escribió esta carta, el Templo de Jerusalén no había sido destruido. Este hecho ocurrió en el año 70, y probablemente Pablo ya había muerto en esa fecha (64 o 66 d. C). Pero nosotros, hoy que leemos este versículo, el cual dice que este hombre de pecado o este hijo de perdición que se levanta contra todo lo que se llama Dios, se sentará en el Templo de Dios haciéndose pasar por Dios; tenemos la certeza de que este acontecimiento aún no ha sucedido.

¿Cómo interpretamos esto? ¿Cuál es el Templo de Dios en aquel momento? Hay una referencia directa a la reconstrucción del Templo de Jerusalén, y les puedo asegurar que hay millones de judíos que no sueñan con otra cosa más que con su reconstrucción. Sin embargo, Pablo dijo: *"¿No os acordáis que cuando yo estaba todavía con vosotros, os decía esto? Y ahora vosotros sabéis lo que lo detiene, a fin de que a su debido tiempo se manifieste"* (v. 5-6).

Fíjense en el orden: el Señor tiene que venir, pero no puede venir sin que se manifieste la apostasía y se dé a conocer el hombre de pecado, el hijo de perdición.

Pero a su vez, este personaje, el anticristo, no puede manifestarse porque hay algo que se lo está impidiendo. Y cuando ese algo sea quitado de en medio, entonces: *"Se manifestará aquel inicuo a quien el Señor matará con el espíritu de su boca, y destruirá con el resplandor de su venida"* (v. 8).

Pero fíjense en el verso 7: *"Porque ya está en acción el misterio de la iniquidad; sólo que hay quien al presente lo detiene, hasta que* él *a su vez sea quitado de en medio".*

Muchas personas dicen: "Bueno, es que el anticristo no se puede manifestar hasta que la Iglesia sea quitada de en medio y sea arrebatada". Pues sepan que la Iglesia jamás es tratada en género masculino. Aquí dice "hasta que él", no "hasta que ella". La Iglesia es esposa, es novia; por lo tanto, la Iglesia es femenino, entonces no encaja con esto de "él". O algunos enseñan que el Espíritu Santo es el que debe ser quitado del mundo. Entonces, ¿el Espíritu Santo no es Dios? Si es Dios, está en todas partes en todo momento. ¿Dónde dice literalmente la Biblia que el Espíritu Santo tiene que ser quitado de la tierra para que se manifieste el anticristo? Eso no lo dice la Biblia, eso lo enseñan en la escuela bíblica y muchos cristianos lo repiten. Y cuando les preguntas dónde lo dice en la Palabra, no lo pueden demostrar porque lo han aprendido de memoria; pero no porque la Biblia realmente lo diga.

Entonces, sobre el "inicuo" (otro nombre para referirse al anticristo), menciona que su advenimiento o aparición es por obra de Satanás; él está detrás de este personaje "con gran poder y señales y prodigios, pero mentirosos" (v. 9). Cuidado porque no todos los milagros tienen su origen en Dios, cuidado porque el enemigo puede hacer más de lo que muchos se imaginan.

"Con todo engaño de iniquidad para los que se pierden, por cuanto no recibieron el amor de la verdad para ser salvos. Por esto Dios les envía un poder engañoso, para que crean la mentira, a fin de que sean condenados todos los que no creyeron a la verdad, sino que se complacieron en la injusticia" (v. 10-12). Nosotros sabemos que el Señor volverá a venir, pero no lo hará hasta que se manifieste la apostasía y el hombre de pecado... Todas esas personas, todos esos sinceros cristianos, hermanos nuestros en el Señor que dicen: "Hermano, el Señor puede venir

ahora mismo". Les digo: "Pero es que eso no es lo que dice la Biblia".

Permítanme demostrarles que hoy no va a venir el Señor. Si viene mientras usted está leyendo este libro, como dice que puede venir en cualquier momento, pues tendré que pedir perdón y decir: "Hermano me equivoqué, discúlpeme". Cuando nos veamos todos allá arriba en la presencia del Señor, le diré: "No sé lo que estaba pensando". Pero si hoy no viniera el Señor mientras usted lee estas palabras, entonces no mentí, dije la verdad y tenía razón.

¿Por qué afirmo que hoy no puede venir el Señor? No es que lo diga yo, sino que la Palabra de Dios dice que el Señor no vendrá hasta que se manifieste el hombre de pecado, el hijo de perdición y venga la apostasía.

Primera pregunta: ¿Qué es la apostasía? Es mucho más que el enfriamiento de la iglesia, porque ya la Iglesia de Laodicea estaba tibia, y el Señor no vino en su época. Por lo tanto, significa: "apartarse del Señor, de su Palabra".

Hay un versículo, cuando Pablo le escribe a Timoteo, que dice: *"Pero el Espíritu dice claramente que en los postreros tiempos algunos apostatarán de la fe, escuchando a espíritus engañadores y a doctrinas de demonios"* (1 Tim. 4:1). Es decir, se producirá un abandono de la fe por parte de mucha gente.

Hay otro pasaje muy interesante que dice: *"Hermanos, si alguno de entre vosotros se ha extraviado de la verdad, y alguno le hace volver, sepa que el que haga volver al pecador del error de su camino, salvará de muerte un alma, y cubrirá multitud de pecados"* (Sant. 5:19-20).

Algunos me suelen decir: "Pero muchos de los que abandonan los caminos del Señor se apartan de la iglesia, se enfrían, se van al mundo... no eran convertidos". Bueno, les digo con la mano en el corazón, que hoy en día es muy difícil decir "este es convertido" o "este no es convertido". Porque en mi época preguntaban: ¿Este es cristiano? Y uno decía sí o no.

Pero hoy en día, no se puede afirmar nada, porque lo parece, pero después resulta que no. Y aquel que parecía que no era, resulta que a lo mejor era más que el que parecía que era. Así que lo que dice la Biblia es que vendrá un tiempo de gran apostasía y falsas doctrinas.

Para saber como está la Iglesia en la actualidad, solo hay que consultarlo en internet, o vayan y visiten a las congregaciones.

Jamás en la historia de la humanidad ha habido tanta falsa doctrina, tanta manipulación, tanto engaño; y tantas barbaridades como de un tiempo a esta parte. Algunos dirán: "Pero hermano, ya en los tiempos de Pablo había falsos profetas, falsos pastores, falsos apóstoles y falsas doctrinas". Es cierto que eso siempre ha existido, ya en el primer siglo decían que Cristo no era Dios, y en el primer siglo surgieron los nicolaítas; y tantas barbaridades. Pero como en esta última época, jamás en la historia. Y esto va en aumento, porque dice que se multiplicará la maldad no sabemos por cuánto.

La Palabra afirma que *"por haberse multiplicado la maldad, el amor de muchos se enfriará. Mas el que persevere hasta el fin, éste será salvo"* (Mt. 24:12-13). Pero no solamente vendrá un periodo masivo de apostasía, de apartamiento; frialdad o alejamiento de los caminos del Señor; sino que dice que se tendrá que manifestar el hombre de pecado, el hijo de perdición. En mi opinión, yo creo que este personaje ya está vivo, estoy convencido de que el anticristo ya existe; y falta muy poco para que todo esto se manifieste y se dé a conocer. Pero la realidad es que todavía, hoy en día, no podemos decir que hay una persona que cumple con los requisitos bíblicos para señalarla y afirmar: "Este es el anticristo del cual habla la Biblia".

Todos los datos que nos da la Biblia sobre la persona del anticristo, ¿para qué nos los da? Si no vamos a estar, qué más da si es blanco, si es negro; si le gustan las mujeres; si le gustan los hombres; si es bueno; si es malo... etc. Si yo no voy a estar, a mí no me interesa cómo será este personaje. Pero, ¿por qué da tantos datos? ¿Por qué da tanta información? ¿Por qué dice la Biblia: "Del amor de las mujeres huirá" (*cf.* Dn. 11:37)? ¿Por qué dice que "honrará al dios de las fortalezas" (*cf.* Dn. 11:38)?

¿Por qué da tantos datos sobre este personaje? Pues para que no nos sorprendan estas cosas, así como a algunos cuando oyen algo diferente pero que es tan bíblico como las enseñanzas que han oído durante toda su vida. Debemos saber siempre en qué momento o en qué tiempo de la historia nos encontramos. El anticristo no se puede manifestar cuando él quiera, hay algo que impide que se manifieste.

Una vez les hice un desafío a unos hermanos que asistieron a un curso que di durante casi un año sobre Daniel, Apocalipsis, y sobre profecías. Les dije: "Cuando vayan a sus iglesias, pregúntenles a sus líderes o a sus pastores qué es lo que está impidiendo la manifestación del anticristo. Y oirán de todo, desde el Espíritu Santo; la Iglesia; etc. Pero cuando les respondan, díganles: ¿Me lo podría demostrar usted con algún versículo de la Biblia? Y verán que no van a poder. Sin embargo, les voy a decir un versículo para que reflexionen y lo tengan presente.

Leamos el precioso e interesantísimo libro de Daniel, capítulo 12, del versículo 1 en adelante: *"En aquel tiempo se levantará Miguel, el gran príncipe que está de parte de los hijos de tu pueblo"*. Se está refiriendo a Israel, Daniel no era egipcio ni de Babilonia, él era de Israel. Y continúa diciendo que: *"Se levantará Miguel, el gran príncipe que está de parte de los hijos de tu pueblo; y será tiempo de angustia, cual nunca fue desde que hubo gente hasta entonces"* (v. 1a). Siempre ha habido angustia, siempre ha habido persecuciones, siempre ha habido falsas doctrinas, siempre ha habido enfriamiento... pero esto será *"cual nunca fue desde que hubo gente hasta entonces"*. *"Pero en aquel tiempo será libertado tu pueblo, todos los que se hallen escritos en el libro"* (v. 1b). *"Y muchos de los que duermen en el polvo de la tierra serán despertados, unos para* vida eterna, *y otros para vergüenza y confusión perpetua"* (v. 2). Cuando dice "vida eterna" se refiere a la primera resurrección, y "para vergüenza y confusión perpetua" se refiere a la segunda resurrección. Digamos que una es para los creyentes, y otra para los inconversos.

"Los entendidos resplandecerán como el resplandor del firmamento; y los que enseñan la justicia a la multitud, como las estrellas a perpetua eternidad. Pero tú, Daniel, cierra las palabras y sella el libro hasta el tiempo del fin. Muchos correrán de aquí para allá, y la ciencia se aumentará" (v. 3-4).

Fíjense que el profeta Daniel recibe la revelación de que hay un personaje tremendamente poderoso que aparece varias veces en la Biblia (incluido el Nuevo Testamento), llamado Miguel. "El gran arcángel Miguel que está de parte de los hijos de tu pueblo", el cual dice que cuando se levante "será tiempo de angustia cual nunca fue desde que ha habido gente hasta entonces". Aquí se mencionan las dos resurrecciones juntas, aunque después en el libro de Apocalipsis las pone a cada una en su sitio. Entonces, toda afirmación que hagamos, sea cual sea, siempre tiene que ir respaldada por textos de la Palabra de Dios.

Toda declaración que hagamos que esté basada en libros, en opiniones personales, en "a mí me parece", en "yo creo"... a mí sinceramente no me sirven de nada. Nosotros debemos basarnos y guiarnos única y exclusivamente por la Palabra de Dios. Y cuando declaremos algo, lo que digamos tiene que estar avalado y respaldado al 100% por la Biblia. Y si no, no tendrá ninguna posibilidad de ser aceptado o creído, por lo menos, por nuestra parte.

Por consiguiente, para hacer un pequeño resumen: tenemos los siete años de la Gran Tribulación, que realmente se relatan de una forma muy detallada y muy bonita en el libro del Apocalipsis, a través de siete sellos, siete trompetas, y siete copas de la ira. Los sellos y las trompetas se llevan a cabo en la primera parte de la Gran Tribulación. *"A la final trompeta"* Pablo dice que los muertos en Cristo resucitan primero, y luego los que estén vivos en ese momento serán arrebatados juntamente con el Señor para estar con Él para siempre en el aire" (1 Tes. 4:17).

Cuando la gente me pregunta: ¿Pastor, usted no cree en el arrebatamiento? Mi respuesta siempre es la misma: "Yo creo en todo lo que dice la Biblia". ¿La Biblia habla de un arrebatamiento? Sí. ¿No dice la Biblia que dos estarán en una cama, el uno será tomado y el otro será dejado? ¿No dice la Biblia que dos estarán en el campo, el uno será tomado y el otro será dejado? La Biblia afirma que "en un momento y en un abrir y cerrar de ojos" millones de seres humanos, de creyentes que han puesto su confianza en el Señor, serán arrebatados y serán llevados en vida. Así que, si yo estoy en vida cuando venga el Señor, si no he muerto todavía, seré llevado en vida.

Por lo tanto, habrá millones de personas que no morirán, y serán arrebatadas con el Señor porque estaban en vida. Pero los muertos en Cristo, los que nos precedieron, serán primeramente resucitados. Y luego, todos los que no creyeron en Cristo y los que blasfemaron en su nombre o todos los que rechazaron el Evangelio.

Esa gente que murió, que son millones y millones, ¿cuándo resucita esa gente? ¿Qué ocurre con ellos? Lo vemos al final de la Gran Tribulación, en los últimos capítulos del libro de Apocalipsis cuando se produce el Juicio ante el Gran Trono Blanco. Allí es cuando la Biblia dice que se abre el libro de la vida.

Quisiera que leamos algunos versículos de este capítulo que son muy interesantes, para que se den cuenta de lo que declara acerca de la segunda resurrección: *"Vi a un ángel que descendía del cielo, con la llave del abismo, y una gran cadena en la mano. Y prendió al dragón, la serpiente antigua, que es el diablo y Satanás, y lo ató por mil años; y lo arrojó al abismo, y lo encerró, y puso su sello sobre él, para que no engañase más a las naciones, hasta que fuesen cumplidos mil años; y después de esto debe ser desatado por un poco de tiempo. Y vi tronos, y se sentaron sobre ellos los que recibieron facultad de juzgar; y vi las almas de los decapitados por causa del testimonio de Jesús y por la palabra de Dios, los que no habían adorado a la bestia ni a su imagen, y que no recibieron la marca en sus frentes ni en sus manos; y vivieron y reinaron con Cristo mil años. Pero los otros muertos no volvieron a vivir hasta que se cumplieron mil años. Esta es la primera resurrección"* (Ap. 20:1-5).

Un poco más adelante, en el versículo 11, también dice: *"Y vi un gran trono blanco y al que estaba sentado en él, de delante del cual huyeron la tierra y el cielo, y ningún lugar se encontró para ellos. Y vi a los muertos, grandes y pequeños, de pie ante Dios; y los libros fueron abiertos, y otro libro fue abierto, el cual es el libro de la vida; y fueron juzgados los muertos por las cosas que estaban escritas en los libros, según sus obras. Y el mar entregó los muertos que había en él; y la muerte y el Hades entregaron los muertos que había en ellos; y fueron juzgados cada uno según sus obras. Y la muerte y el Hades fueron lanzados al lago de fuego. Esta es la muerte segunda. Y el que no se halló inscrito en el libro de la vida fue lanzado al lago de fuego"* (Ap. 20:11-15).

Hay congregaciones que dicen ser "evangélicas", que ya no quieren hablar del infierno o de la condenación eterna, porque es algo muy fuerte. Se trata de algo que les cuesta aceptar. Pero yo no pienso de esa manera, yo creo en un Dios tan Santo y tan Justo que, si no existiera una condenación y un castigo por los pecados, no sería un Dios Justo.

No puede ser que al final todos se salven sin importar si han creído o no han creído, se hayan comportado bien o se hayan comportado como auténticos tiranos. Esto sería la peor injusticia de la humanidad, que al final Dios dijera: "Bueno, todos al final se salvan". No puede ser, porque la Biblia habla de un Cielo y un infierno; una salvación eterna y una condenación eterna. Es aquí y es ahora donde debemos elegir dónde vamos a pasar la eternidad. Y dice la Biblia que en el momento en el que somos salvos, nuestros nombres son inscritos en el libro de la vida; y los que no estén inscritos en ese libro, no podrán disfrutar de la Nueva Jerusalén (la cual también se menciona en el capítulo 21 y 22 del libro del Apocalipsis).

Durante los siete años de la Gran Tribulación, millones de personas se van a salvar.

La Biblia afirma que no solamente estarán los dos testigos, sino que además, quiero recalcarles algo muy revelador que se da al mismo tiempo, y es la manifestación de "los 144 000 sellados".

Doce mil de cada tribu: doce mil de la tribu de Judá; de Zabulón, etc. Un total de 144 000 judíos estarán predicando en los primeros tres años de lo que llamamos la Gran Tribulación, junto con los dos testigos.

Nosotros no podemos afirmar o decir sus nombres, como algunos se han atrevido. Incluso se de un pastor español que en su libro dijo: "Los dos testigos son éste y aquel". A mí esto me parece una auténtica temeridad, porque si la Biblia no lo dice, no sé cómo este señor se atreve a decir el nombre de los dos testigos. Pero bueno, sabemos que en esta vida hay de todo.

En conclusión, incluso después, en la durísima y terrible segunda parte de la Gran Tribulación se van a convertir muchísimas personas. Y cuando termine la Gran Tribulación, en esa batalla tremenda y terrible llamada la batalla del Armagedón, empezará lo que se denomina como el Milenio. Donde casi podríamos decir que volveremos a los tiempos del jardín del Edén, porque muchas características de este jardín volverán a darse durante el periodo del Milenio.

Capítulo 3. Los siete sellos y las siete trompetas

El apóstol Pablo, en la primera carta a los Corintios, capítulo 15, versículo 51, dice: *"He aquí: os digo un misterio"*. ¿Cuál es ese misterio, qué es lo que nos quiere contar como novedad, como algo que nunca se había revelado o que nunca se había dicho? Lo vemos a continuación: "El misterio consiste en que no todos dormiremos, es decir, no todo el mundo va a morir". Dormir o morir significan lo mismo en este contexto. *"Pero todos seremos transformados"*.

Leamos unos versículos más adelante para entender en qué consiste esa metamorfosis, o esa transformación: *"En un momento, en un abrir y cerrar de ojos, a la final trompeta; porque se tocará la trompeta, y los muertos serán resucitados incorruptibles, y nosotros seremos transformados"* (v. 52). Dice que ese cambio, esa transformación, se producirá en un momento, en un abrir y cerrar de ojos, y da un dato que ya hemos visto en los capítulos anteriores: *"a la final trompeta"*. Perdone que insista, pero ese dato tiene todo nuestro respeto porque no debemos cuestionar el porqué Pablo dijo *"a la final trompeta"*. Eso fue lo que él quiso decir, y eso es lo que está escrito en todas las biblias del mundo. Esta transformación, este cambio, será instantánea, en un momento, en un abrir y cerrar de ojos; cuando se toque la trompeta.

Alguien dijo una vez: "Pero la Biblia dice en Tesalonicenses que cuando Cristo venga vendrá con voz de trompeta". Una cosa es "como voz de trompeta", y otra cosa que "se tocará la trompeta". Y donde se tocan las trompetas en el Nuevo Testamento, es única y exclusivamente en el libro del Apocalipsis.

En el Antiguo Testamento estaban los *shofares*, que son los cuernos de carnero o de antílope que se tocaban para cosas puntuales; y había dos trompetas de plata que se tocaban para convocatorias, etc. Pero donde únicamente se tocan trompetas en el Nuevo Testamento es en el libro del Apocalipsis, y concretamente hay siete, las cuales vamos a leer. Pablo nos da un dato muy significativo, dice: "A la final trompeta, se tocará la trompeta y los muertos serán resucitados incorruptibles, y nosotros seremos transformados". Aquí hay dos grupos de personas: los que ya están muertos, y los que estén vivos en el momento en el que se toque esa trompeta. Los que están muertos resucitarán. Esa es la primera resurrección, porque hay dos resurrecciones que se mencionan en la Biblia: una que es esta, y la segunda resurrección que se produce al final del Milenio.

Después de los mil años de la era Mesiánica, resucitarán todos los que no hayan resucitado, es decir, todos los inconversos de toda la historia de la humanidad. Desde Génesis hasta el momento en el que ocurra ese acontecimiento. Dos resurrecciones: una para vida, y una para muerte.

Pero esta que está mencionando Pablo en la primera carta a los Corintios capítulo 15, es la primera resurrección, la de los muertos en Cristo. Y ahora hay una serie de explicaciones muy interesantes.

"Porque es necesario que esto corruptible se vista de incorrupción, y esto mortal se vista de inmortalidad" (v. 53).

Cuando el hombre fue creado, en un principio fue creado con la capacidad de no morir, era un ser inmortal. Porque dice la Biblia que una de las consecuencias del pecado, fue que el hombre pasó de ser un ser inmortal a ser un hombre mortal. "El día que pecareis, pereceréis, os convertiréis en seres mortales" (*cf.* Gn. 2:17). Ese don, ese regalo, eso que era realmente extraordinario que se perdió en el jardín del Edén, se vuelve a recuperar con la segunda resurrección a través de Cristo. El hombre vuelve a recuperar la incorrupción, la inmortalidad. Y entonces, el verso 54 añade: *"Y cuando esto corruptible se haya vestido de incorrupción, y esto mortal se haya vestido de inmortalidad, entonces se cumplirá la palabra que está escrita: Sorbida es la muerte en victoria"*. Pablo cita el texto de Isaías 25:8: "Vencida es la muerte en vitoria". En otras versiones dice: "Vencida es la muerte con victoria".

> ¿Dónde está, oh muerte, tu aguijón? ¿Dónde, oh sepulcro, tu victoria? ya que el aguijón de la muerte es el pecado, y el poder del pecado, la ley (v. 55-56).

Entonces, este acontecimiento que se nos relata aquí, es lo que conocemos con el nombre de "rapto"; "arrebatamiento"; "traslación". Es decir, son diferentes términos para definir la misma cuestión: La Iglesia va a ser arrebatada, va a ser raptada, o va a ser trasladada. Póngale el adjetivo que más le guste, no tiene sentido cuestionarse acerca de cuál es la palabra más correcta, porque todas hacen referencia al mismo hecho. Por lo tanto, los que murieron con su fe mirando hacia adelante esperando al Mesías, y los que murieron en Cristo, son los primeros que resucitarán. "Y en un momento", "y en un abrir y cerrar de ojos, los que estén vivos serán juntamente con ellos arrebatados para recibir al Señor en el aire". Eso es el arrebatamiento.

A continuación, voy a citar una serie de palabras, de frases, o de datos, para tener en cuenta. Como mencioné anteriormente, la Gran Tribulación se divide en dos periodos del mismo tiempo: tres años y medio, o cuarenta y dos meses, o mil doscientos sesenta días cada bloque.

El libro de Apocalipsis nos explica muy claramente lo que va a ocurrir en la primera y en la segunda parte de lo que llamamos Gran Tribulación: Empieza con los siete sellos, y ahí es donde aparecen los famosos cuatro caballos que van cambiando de color. Cuando terminan esos juicios sobre la tierra, vienen otros siete más, los cuales dice que son como toques de trompeta. Cuando se tocaba la trompeta era para estar atento a algo que se iba a decir, o algo que iba a suceder.

Entonces, esos toques de trompeta simbolizan o representan siete juicios todavía más fuertes que los siete anteriores. Los juicios se vuelven progresivamente peores y más devastadores al acercarse al final de los tiempos. Los siete sellos, trompetas y copas, están conectados unos con otros. El séptimo sello introduce a las siete trompetas (Ap. 8:1-5), y la séptima trompeta introduce las siete copas (Ap. 11:15-19; 15:1-8). Tanto los sellos como las trompetas ocurren en lo que conocemos como la primera parte de la Gran Tribulación, y las copas en la segunda.

Otra de las cosas que sucederán durante esa primera etapa es: la manifestación del anticristo; del falso profeta; de los dos testigos; y los 144 000 judíos que serán marcados de una forma especial. Además, tendrá lugar la reconstrucción del Templo de Jerusalén. Hay muchas cosas que tenemos que saber clasificar: "¿Cuándo ocurren? ¿En la primera parte, o en la segunda parte?".

Volviendo al texto de la primera carta a los Corintios capítulo 15, el pasaje nos habla del arrebatamiento, y también nos habla de la primera resurrección. Este capítulo está relacionado con el texto del libro de Apocalipsis capítulo 10, a partir del versículo 5: *"Y el ángel que vi en pie sobre el mar y sobre la tierra, levantó su mano al cielo, y juró por el que vive por los siglos de los siglos, que creó el cielo y las cosas que están en él, y la tierra y las cosas que están en ella, y el mar y las cosas que están en él, que el tiempo no sería más"*. Fíjense que aquí hay un ángel que está levantando la mano y está jurando; y está haciendo esta declaración. Y está especialmente relacionado con el versículo 7: *"Sino que en los días de la voz del* séptimo ángel, *cuando él comience a tocar* la trompeta, *el* misterio *de Dios se consumará, como él lo anunció a sus siervos los profetas"*.

Comenzamos leyendo 1ª Corintios 15, donde Pablo dice: "Os voy a decir un misterio". Y menciona en qué consiste ese misterio, o ese secreto revelado. Pero ahora, en Apocalipsis, vuelve a aparecer la palabra misterio, y dice: "En los días de la voz del séptimo ángel". No del primero, ni del segundo, ni del tercero... sino en los días del séptimo ángel. "Cuando él comience a tocar la trompeta, el misterio de Dios se consumará". ¿De qué misterio habla? Del misterio que hemos leído en 1ª Corintios 15.

Por lo tanto, cuando el séptimo ángel esté tocando la séptima trompeta, el misterio de Dios se consumará, y se llevará a cabo tal como Él lo anunció a sus siervos los profetas. Así que, podríamos preguntarnos: "¿Entonces esto ya lo había anunciado el Señor a su pueblo a través de los profetas?". ¿Y dónde lo anunció? Bueno, si me permiten la expresión, el Apocalipsis del Antiguo Testamento es el libro de Daniel.

Entonces, leamos Daniel 12:7. Si comparamos Daniel capítulo 12 y Apocalipsis capítulo 10, Apocalipsis 10:6 dice que "ese ángel juró por el que vive por los siglos de los siglos". Y Daniel 12:7 dice: *"Y oí al varón vestido de lino, que estaba sobre las aguas del río, el cual alzó su diestra y su siniestra al cielo, y juró por el que vive por los siglos"*.

Es lo mismo, lo que pasa es que en una ocasión lo cuenta Daniel, y ahora Juan lo describe en el Apocalipsis; pero es el mismo ángel. Evidentemente, Juan había leído las profecías del profeta Daniel, por eso afirmaba que "ese ángel que levantaba sus manos y juraba por el que vive por los siglos de los siglos que sería por tiempo, tiempos, y la mitad de un tiempo". Una expresión que ya para nosotros no es nueva, la cual es: "tres años y medio". Lo que pasa es que, claro, Juan habla con unos términos y Daniel habla con otros términos, pero estamos hablando de lo mismo.

Y continúa diciendo: *"Y cuando se acabe la dispersión del poder del pueblo santo, todas estas cosas serán cumplidas"*. El Señor le estaba hablando a Daniel, el cual era judío, pertenecía al pueblo de Israel, el cual en ese momento era el único pueblo santo.

"Santo" significa "apartado". Cuando apartas una cosa para un uso concreto, lo estás santificando. Lo que sucede es que hoy en día no hablamos en esos términos. Pero realmente, cuando decimos que los cristianos somos santos, lo somos no porque seamos las mejores personas del mundo, sino porque Dios nos ha apartado para que vivamos una vida diferente para Él.

Por eso ahora uno puede entender cuando el apóstol Pablo escribía a los santos de Corinto, o de otra congregación. Ya que la palabra "santo" siempre ha significado apartado, escogido. Por lo tanto, en vez de decir "a los cristianos", les escribe "a los que se han apartado del mundo" para servir y glorificar al Señor. Se trata de una terminología que no es muy común hoy en día, pero que nosotros al leer la Biblia tenemos que dominar y conocer. Ya que, si no, nos preguntaremos si se refiere a los santos de las imágenes, a causa del contexto católico del cual procede la mayoría de la gente. Pero Daniel nunca fue católico, él sabía que "el pueblo santo" era el pueblo de Israel, porque era el único pueblo que había sido apartado, comprado o escogido por el Señor, para cumplir una serie de objetivos a nivel mundial.

Entonces, el Señor le dice que cuando se acabe la dispersión del poder del pueblo santo, todas estas cosas serán cumplidas. Pero, ¿qué es lo que ocurre? La Biblia dice que todo esto se va a cumplir cuando se acabe la dispersión del poder del pueblo santo. Y voy a ponerles a continuación el texto en una versión diferente, la cual seguramente alguno de ustedes ha visto o conoce, y se llama "Biblia en hebreo-español". Viene en dos tomos, un tomo para unos libros de la Biblia, y otro tomo para el resto de los libros del Antiguo Testamento.

En esta versión, Daniel 12:7 dice: "Cuando se haya cesado de quebrantar el poder del pueblo santo todas estas cosas serán consumadas". La palabra *yad* o "mano" se traduce a veces por el poder sobre quien se ha manifestado el brazo del Señor. El brazo es mucho más que un miembro del cuerpo humano, es ese sinónimo de poder. Y en este pasaje aparece esa palabra: *yad*.

Hasta ahí es lo que nos dice Daniel.

Y lo que nos dice Apocalipsis, es que cuando se toque la última trompeta, el misterio de Dios se cumplirá. No hay contradicción entre lo que dice Daniel y lo que dice Juan, ambos se complementan. Daniel da unos datos, pero Juan da una información que Daniel no nos da.

La Hermenéutica es una materia que consiste en la interpretación correcta de los textos bíblicos. Uno no puede interpretar la Biblia como le parezca, si no que hay unas reglas, unas normas; y eso se estudia en Hermenéutica. Una de sus muchas reglas dice que la Biblia se interpreta a sí misma. Es decir, como la Biblia fue escrita por más de cuarenta personas diferentes, en épocas distintas; en idiomas diferentes; y en lugares diferentes, puede ser que cuando usted lea Daniel (el cual vivía en Babilonia y escribía en hebreo y arameo), verá que da una información que luego Juan (quien vivía en la época del primer siglo de la era cristiana y que conoció personalmente a Cristo y que fue desterrado a la isla de Patmos en Europa), esté hablando en unos términos o diga una información diferente a la que da Daniel. Pero repito, no se contradicen, sino que se complementan.

Esto es como cuando usted compra un rompecabezas de mil quinientas piezas y las pone todas encima de la mesa. Eso es un desorden, así usted no puede entender ni ver nada. Pero hay un dibujo generalmente en la tapa de la caja, donde sale la imagen que hay que representar. Así que lo que tiene que hacer, es buscar cada pieza y poner cada una en su sitio. De las mil quinientas piezas, todas son importantes, lo que ocurre es que cada una va en su respectivo lugar. Por lo tanto, la Biblia es como un gran rompecabezas. Cuando en Daniel da una información, en Ezequiel da otra, y en Apocalipsis otra; etc. Usted lo que tiene que hacer es armar el rompecabezas.

Gracias a Dios que tenemos toda la Biblia a nuestro alcance. Hay cosas que Daniel escribía que no entendía, porque él no tenía acceso ni existía todavía el Apocalipsis; no tenía la revelación de Jesucristo; ni todo el Nuevo Testamento.

Pero nosotros somos privilegiados porque tenemos todo lo que Dios ha revelado. Toda la información que Dios ha dado a conocer, la tenemos en un libro llamado Biblia, la cual significa colección de libros. De ahí viene la palabra "biblioteca". Así que allí tenemos toda la información. De manera que, si decimos: "con lo que Daniel dice no me llega". Si le faltan datos, vaya al libro de Apocalipsis para ver lo que dice Juan.

Por ejemplo, en el primer capítulo de este libro, cuando veíamos el pasaje del león con alas de leopardo, leímos el libro de Daniel. Y cuando entendimos la visión de Daniel y el sueño de Nabucodonosor, comprendimos lo que Juan explicaba en el Apocalipsis. Es una maravilla el poder tener todos esos libros y todos esos datos en un solo tomo en la Biblia, pues a través de ellos podemos sacar conclusiones concretas. Evidentemente, Daniel no tenía toda la información que usted y yo sí tenemos. Así que, cuando vamos al Nuevo Testamento y leemos a través de la pluma de Pablo, a través de los escritos de Juan, uno dice: "Oye, pues todo esto se va a cumplir". Y esto ya lo sabíamos, pero nos faltaban datos.

Un dato muy importante es que este misterio se va a realizar o consumar cuando comience a oírse la voz del séptimo ángel tocando la última trompeta. Información como esta se encuentra en la Biblia desde hace miles de años. Nosotros simplemente lo que estamos haciendo es leerla, y de esa manera podemos sacar notables conclusiones acerca de los últimos tiempos. Como la Gran Tribulación empieza con los sellos, tenemos que ir al Apocalipsis para ver qué nos dice la Biblia literalmente de los siete sellos.

Alguien dijo una vez: "Bueno, y esto del rollo con los siete sellos, ¿esto qué cosa es?". Cuando alguien posee algo, tiene un documento que lo demuestra. Usted puede demostrar que una casa es suya, porque tiene unas escrituras. Por eso alguien comparó este rollo, este pergamino con siete sellos, con el título de propiedad del Señor.

I.　LOS SIETE SELLOS

Leamos Apocalipsis 6, donde podremos encontrar los datos concretos o específicos de cada uno de estos sellos.

Los cuatro primeros sellos vienen dados en la forma figurada de "caballos".

Primer sello: "Vi cuando el Cordero abrió uno de los sellos, y oí a uno de los cuatro seres vivientes decir como con voz de trueno: Ven y mira. Y miré, y he aquí un caballo blanco; y el que lo montaba tenía un arco; y le fue dada una corona, y salió venciendo, y para vencer" (v. 1-2).

A continuación, los detalles: "Caballo blanco" que va montado por "alguien", que lleva un "arco sin flecha", y le fue dada una "corona". Esta corona es el premio, el galardón, el reconocimiento. *"Y salió venciendo, y para vencer"*.

____

[9] Imagen tomada de la página web: http://www.cepp.mx/jinetes-del-apocalipsis/

Podríamos decir que así es como arranca la manifestación y el reconocimiento público de este personaje siniestro al cual conocemos vulgarmente con el nombre de "anti Mesías" o "anticristo". Este caballo blanco, en este caso representa la puesta en escena de este personaje político, que va a ser reconocido por muchísima gente. Tendrá poder, tendrá autoridad; tendrá una sede de gobierno; tendrá sus tropas; sus ministros; etc. Y esa es la manera en que empezará a manifestarse este siniestro personaje durante la primera parte de la Gran Tribulación.

> **Segundo sello:** "Cuando abrió el segundo sello, oí al segundo ser viviente, que decía: Ven y mira. Y salió otro caballo, bermejo; y al que lo montaba le fue dado poder de quitar de la tierra la paz, y que se matasen unos a otros; y se le dio una gran espada" (v. 3-4).

El segundo caballo se diferencia del primer caballo porque cuando se presenta el anticristo no habrá guerra. Entonces, cuando se presente, en principio no ocurrirá nada malo, será simplemente un líder político que se dará a conocer y que lo reconocerán muchas naciones y pueblos. Seguramente, la Gran Tribulación ya empezó y no nos hemos dado ni cuenta. Pero, a continuación, dice la Biblia que se le dará poder para quitar de la tierra la paz. ¿Y cuántas veces la paz ha sido quitada de la tierra estando los creyentes viviendo en el planeta Tierra?

Miren a nuestros hermanos, cómo tuvieron que vivir en la Primera Guerra Mundial. Aquí en Europa murieron millones y millones de personas. Y cuando terminó esta guerra, fue algo tan terrible que algunos expertos dijeron: "Nunca más el mundo se volverá a enfrentar, peleando nación contra nación, porque ha sido tan terrible que espero que hayamos aprendido la lección".

Pero se equivocaron, la Segunda Guerra Mundial fue aún peor que la primera; hubo casi setenta millones de muertos. Nación contra nación, nadie tenía a dónde ir, todo un continente conquistado por los nazis, por Hitler. Y los cristianos vivían allí, las iglesias estaban allí, los pastores estaban en España; en Alemania; en Suiza; en Bélgica; en Holanda; en Italia; en Portugal; en todos esos países había cristianos. Se predicaba el Evangelio durante la Segunda Guerra Mundial, y no había paz. Por lo tanto, si llega un momento en el que se quita la paz, esto para los cristianos no es nada nuevo. Porque durante muchos siglos, los cristianos vivieron perseguidos. Por lo tanto, no se puede decir que la Iglesia no puede pasar por nada de eso, si la Iglesia ya ha pasado por periodos difíciles como lo fueron estas guerras.

> **Tercer sello:** "Cuando abrió el tercer sello, oí al tercer ser viviente, que decía: Ven y mira. Y miré, y he aquí un caballo negro; y el que lo montaba tenía una balanza en la mano. Y oí una voz de en medio de los cuatro seres vivientes, que decía: Dos libras de trigo por un denario, y seis libras de cebada por un denario; pero no dañes el aceite ni el vino" (v. 6).

¿Se dan cuenta como el caballo va cambiando de color? A través del color del caballo, vemos como va cambiando la situación mundial. Recuerden la parábola de la viña, la gente que fue a trabajar todo un día al campo, se le pagó al final del día un denario. Y un denario era lo que se le pagaba a un jornalero por trabajar un día, y aquí dice dos libras. Dos libras son un kilo. Por lo tanto, esto es igual a un kilo de pan por un denario, el cual era el jornal de un día completo. Cuidado, no estamos en los tiempos actuales donde hay derechos, vacaciones, turno partido, etc. En absoluto. Estamos viendo los tiempos bíblicos, en los cuales se trabajaba desde que el sol salía hasta que se ocultaba. Unas diez o doce horas diarias. Esto era lo que trabajaba la gente en los tiempos de la Biblia, para que al final del día nada más pueda comprar un kilo de pan; esto es un disparate.

Pero es que hay más: Seis libras o tres kilos de cebada, por un denario. Es carísimo.

¿Qué se puede hacer con la cebada? No es que se pueda hacer gran cosa. Todo un día trabajando para comprar un kilo de pan y un poco de cebada.

"Pero no dañes ni el aceite ni el vino": Es curioso, "ni los olivos ni las viñas". Lo cual era en aquellos tiempos un artículo de lujo, el aceite de oliva se consideraba y se sigue considerando en muchos lugares el oro líquido. En la Biblia se hacían muchas cosas: se ungía, la gente se lo echaba en la cara, en el rostro; era una especie de ungüento. El vino era un artículo de lujo, no podía faltar en una mesa. Estamos hablando de la cultura mediterránea, es decir, había artículos de lujo. Pero, sin embargo, los artículos elementales y básicos eran carísimos.

Viví durante un tiempo en Argentina con mi familia, y veíamos unas casas espectaculares; coches nuevos; televisores; y toda clase de lujos. Pero, sin embargo, dentro de ellas había miseria y pobreza. La gente no tenía ni para comer.

Es increíble, las paradojas de la vida... ¿De qué sirven los lujos si a la hora de la verdad usted no tiene para comer? ¿De qué le sirve un coche último modelo en la puerta de su casa, una casa preciosa, si después no tiene ni para una arepa? Es algo terrible.

Muchas veces, en países en crisis, ha pasado que lo que habían comprado (el patrimonio que tenían), ahí estaba; pero a la hora de la verdad con eso no saciaban el hambre.

> **Cuarto sello:** "Cuando abrió el cuarto sello, oí la voz del cuarto ser viviente, que decía: Ven y mira. Miré, y he aquí un caballo amarillo, y el que lo montaba tenía por nombre Muerte, y el Hades le seguía; y le fue dada potestad sobre la cuarta parte de la tierra, para matar con espada, con hambre, con mortandad, y con las fieras de la tierra" (v. 7-8).

En el libro de Apocalipsis, a la muerte se le compara o muchas veces se le ve como el ángel de la muerte. Dice que el que montaba ese caballo amarillo era el ángel de la muerte. "Hades", palabra en griego, se refiere al mismo lugar que se nombra en otros pasajes de la Biblia, pero en hebreo, "Seol". En ambos casos, significa "el lugar de los muertos". Es decir, desde que se abrió el primer sello y apareció el caballo blanco, ahora las cosas han cambiado de una forma tremenda. Pero no se olviden que todo eso ocurre en la primera parte de la Gran Tribulación, es decir, en tres años y medio las cosas cambian radicalmente.

Y uno dice: "Pero, ¿cómo pueden cambiar tan rápido las cosas? Bueno, y en menos tiempo todavía. Por ejemplo, recuerden como cambió la historia del mundo al caerse las torres gemelas. A partir de ese momento en el que ocurrió esa tragedia, el mundo cambió: los aviones, los viajes, la seguridad, etc. Todo cambió en poquísimo tiempo. El diablo no necesita demasiado tiempo para conseguir sus objetivos. Por lo tanto, este sello prefigura la muerte que sigue cuando fracase el intento de los hombres en establecer la paz.

> **Quinto sello:** "Cuando abrió el quinto sello, vi bajo el altar las almas de los que habían sido muertos por causa de la palabra de Dios y por el testimonio que tenían" (v. 9).

Es decir, en el quinto sello se ven las almas de los que habían sido muertos por causa de la Palabra de Dios y por su testimonio. ¿Dónde? En la primera parte de la Gran Tribulación. "Pero si no estaban, ya fueron arrebatados antes", dicen algunos. Entonces, ¿cómo los mataron?

Es curioso ver estos datos que nos da la Biblia: *"Y clamaban a gran voz, diciendo: ¿Hasta cuándo, Señor, santo y verdadero, no juzgas y vengas nuestra sangre en los que moran en la tierra? Y se les dieron vestiduras blancas, y se les dijo que descansasen todavía un poco de tiempo, hasta que se completara el número de sus consiervos y sus hermanos, que también habían de ser muertos como ellos"* (v. 10-11).

Alguien podría decir: "Pero estas almas de los decapitados fueron los que mataron antes, y por eso ya están en la presencia del Señor". Aquí dice que: "se les dieron vestiduras blancas, se les dijo que descansen todavía un poco de tiempo hasta que se cumpla el número de consiervos y hermanos que también han de ser muertos como ellos". Gente que estaba viva, pero que iban a ser muertos durante esta primera etapa de la Gran Tribulación. Entonces, ¿en qué quedamos?

¿Se dan cuenta cómo muchas veces la gente repite las cosas como los loros, pero no sacan la información de la Biblia? "No, es que yo oí", "yo una vez oí a un pastor que dijo"; "es que en mi iglesia se enseñaba así". ¿Pero cuándo ha leído eso usted por sí mismo? Porque aquí estoy viendo aspectos que se contradicen con algunas cosas que nos han enseñado en el pasado. Aquí dice que van a estar asesinando a gente por causa de la Palabra de Dios durante la primera parte de la Gran Tribulación. Así que, todas estas señales y todos estos juicios, son durante los primeros tres años y medio.

> **Sexto sello:** "Miré cuando abrió el sexto sello, y he aquí hubo un gran terremoto" (v. 12).

Una cosa curiosa de la Biblia es que cuenta el futuro en tiempo pasado. Dice "hubo un gran terremoto", pero todavía no se ha producido; solo que el Señor nos cuenta el futuro como algo que ya pasó porque Él lo sabe todo. Él es presente, pasado y futuro al mismo tiempo.

> "Y he aquí hubo un gran terremoto; y el sol se puso negro como tela de cilicio, y la luna se volvió toda como sangre; y las estrellas del cielo cayeron sobre la tierra, como la higuera deja caer sus higos cuando es sacudida por un fuerte viento. Y el cielo se desvaneció como un pergamino que se enrolla; y todo monte y toda isla se removió de su lugar. Y los reyes de la tierra, y los

grandes, los ricos, los capitanes, los poderosos, y todo siervo y todo libre, se escondieron en las cuevas y entre las peñas de los montes; y decían a los montes y a las peñas: Caed sobre nosotros, y escondednos del rostro de aquel que está sentado sobre el trono, y de la ira del Cordero" (v. 12-16).

¿Cómo sabemos que las "señales celestiales" vienen directamente después de la Gran Tribulación? Veamos las palabras de Cristo: *"E inmediatamente después de la tribulación de aquellos días, el sol se oscurecerá, y la luna no dará su resplandor, y las estrellas caerán del cielo, y las potencias de los cielos serán conmovidas"* (Mt. 24:29).

Con respecto al pasaje anterior, ahí tienen un versículo que pueden utilizar como referencia a "la ira del Cordero", porque en el libro de Apocalipsis mencionan tres tipos de ira: Una es la ira del Cordero, otra es la ira de las naciones, y otra es la ira del dragón. Son tres cosas diferentes, hago ese énfasis porque hay gente que utiliza ese versículo diciendo: "Hermano, la Biblia dice que Dios no nos ha puesto para ira, sino para alcanzar salvación". Y es el texto al que se aferran para decir que la Iglesia o los cristianos no van a estar, por lo menos, en la primera parte de la Gran Tribulación. Pero, si uno les pregunta: "¿A qué ira hace usted referencia?". Y ahí se quedan sin argumentos, porque hay tres.

¿De qué ira estamos hablando? ¿del Cordero? ¿del Señor? Si ya somos libres. El Señor no está enfadado con nosotros. Pero, ¿la Iglesia está exenta de la ira de las naciones? ¿Cuántos cristianos en este momento, en este día, habrán muerto por el Señor, por naciones impías que le han dado la espalda al Señor? ¿Cuántos hermanos nuestros mueren cada año por la ira de las naciones, por la ira del dragón, de Satanás? Incontables.

Entre el sexto sello y el séptimo hay algo en medio. Y es que se menciona que hay 144 000 personas de origen judío que van a ser marcadas o selladas en sus frentes o en su mano.

Los 144 000 sellados son hombres y mujeres que se han guardado para Dios y son judíos. No es que uno sea de Colombia, otro de México, otro de España, etc. sino que son de las doce tribus de Israel.

Y aquí en este pasaje se menciona cada una: la tribu de Judá, Simeón, Benjamín, Manasés, Isacar, Zabulón, Aser, Neftalí, Rubén, Gad, José y Leví.

En los versículos 3 y 4, dice: *"No hagáis daño a la tierra, ni al mar, ni a los árboles, hasta que hayamos sellado en sus frentes a los siervos de nuestro Dios. Y oí el número de los sellados: ciento cuarenta y cuatro mil sellados de todas las tribus de los hijos de Israel"*. El Señor sabe dónde están esas tribus y en su momento hará que aparezcan, porque las tribus del norte desaparecieron; las tribus perdidas que fueron atacadas por el Imperio asirio. Y quedaron las tribus del sur, hasta que también fueron atacadas por Nabucodonosor en el 586 a.C.

Esas tribus, volvieron después a su tierra setenta años después; y reconstruyeron el Templo de Jerusalén.

Pero las diez tribus del norte, parece que se "diluyeron". Algunos dicen que se asimilaron entre las naciones y se "perdieron".

Pero no se perdieron, porque la Biblia dice que aquí vuelven a aparecer y esta gente toma una parte activa durante ese tiempo. Así que fíjense qué tremenda influencia o qué tremendo impacto producen estos 144 000.

Saltando un poquito el pasaje, en el versículo 9 dice: *"Después de esto miré, y he aquí una gran multitud, la cual nadie podía contar, de todas naciones y tribus y pueblos y lenguas, que estaban delante del trono y en la presencia del Cordero, vestidos de ropas blancas, y con palmas en las manos; y clamaban a gran voz, diciendo: La salvación pertenece a nuestro Dios que está sentado en el trono, y al Cordero".*

Más adelante, cuando en el versículo 13 le pregunta: ¿Estos quiénes son y de dónde han salido o de dónde han venido? Juan dice: "Señor, tú lo sabes". Evidentemente Juan no lo sabía, y la respuesta es: "Estos son los que han salido de la Gran Tribulación". Versículo 14: *"Y han lavado sus ropas, y las han emblanquecido en la sangre del Cordero".* Es decir, son personas que se convertirán durante la primera parte de la Gran Tribulación, y que conseguirán sobrevivir a esa etapa terrible.

Seguidamente, si leemos el capítulo 8, vemos que ahí es cuando se produce el **séptimo sello, y es el que introduce a las siete trompetas.**

Y uno puede decir: "Bueno, ya por fin llegamos al final".

Pues evidentemente no, este es el preludio. Quedan más juicios todavía, aun quedan catorce (representados por las siete trompetas y las siete copas de la ira).

II. LAS SIETE TROMPETAS

A continuación, detallaré cada una de las "trompetas" o "plagas".

Primera trompeta: "El primer ángel tocó la trompeta, y hubo granizo y fuego mezclados con sangre, que fueron lanzados sobre la tierra; y la tercera parte de los árboles se quemó, y se quemó toda la hierba verde" (Ap. 8:7).

Observen, por ejemplo, qué interesante cuando la primera trompeta suena. Dice que *"hubo granizo y fuego"*, el granizo es agua congelada. Es algo singular que la palabra hebrea para cielos, שָׁמַיִם (*shamaim*), sea la unión de la palabra fuego y agua. Entonces dice en el libro de Génesis: הַשָּׁמַיִם אֵת אֱלֹהִים בָּרָא בְּרֵאשִׁית (*Bereshit bara Elohim et hashamayim*). Por lo tanto, los cielos están compuestos por fuego y por agua. Algo que parece imposible porque el agua apaga el fuego, y es significativo que del cielo caiga granizo, el cual es agua. Y que también haya "fuego mezclado con sangre".

Yo les animo a que ustedes hagan una comparación entre las plagas de Egipto y los castigos que estamos viendo en el libro de Apocalipsis. Podemos trazar una especie de paralelismo entre como trató Dios con los egipcios en el tiempo de Moisés, y como va a tratar con la tierra en los últimos tiempos. Podríamos decir que, en cierto sentido, es como una repetición de la historia. Lo que pasa es que, en vez de pelear contra faraón que era su objetivo en aquel caso, en este caso, es una guerra entre Dios y Satanás.

A lo largo de la historia, la luz y las tinieblas, el bien y el mal, siempre se han enfrentado, pero a través de los políticos.

El mundo de las tinieblas siempre ha tenido sus instrumentos políticos, y, digamos que Dios, entre comillas también ha tenido sus "instrumentos".

Se han enfrentado en campos de batalla, como cuando peleaba David contra los filisteos. Era una lucha natural, una lucha física, pero realmente estaba peleando la luz contra las tinieblas. En este caso, Israel representaba al pueblo de Dios. Israel era un tipo de Mesías. Y los filisteos, los amorreos, los hititas, etc. eran los enemigos naturales que en ese momento tenía el pueblo de Dios. Pero en el Nuevo Testamento, y sobre todo en la parte de la Gran Tribulación, se vuelve a enfrentar la luz con las tinieblas o Dios contra Satanás; en este caso abiertamente: Satanás utilizando al anticristo y el Señor utilizando las oraciones de su pueblo, utilizando a su Iglesia; a sus escogidos. Se trata de una confrontación, una lucha abierta entre el bien y el mal.

El único enemigo del Antiguo Testamento que se enfrentó contra el trono de Dios fueron los amalecitas. Dice la Palabra que Amalec osó pelear contra el trono de Dios[10]. Amalec representa un espíritu, es el espíritu del anticristo, es el espíritu que se ve en el libro de Esther que intenta exterminar a todo el pueblo de Israel.

Gracias al Señor se celebra la fiesta de Purim[11], se celebra la gran victoria sobre los enemigos, sobre los amalecitas. Enemigos que tenían que haber sido destruidos con el primer rey de Israel, cuando Saúl recibió la orden de destruir a los amalecitas[12]. No lo hizo, y, tiempo más tarde, en la época de la reina Esther vemos que lamentablemente se vuelve otra vez a producir la batalla. Por lo tanto, vemos como el ataque siempre es contra el pueblo de Dios y contra el Dios del pueblo.

> **Segunda trompeta:** "El segundo ángel tocó la trompeta, y como una gran montaña ardiendo en fuego fue precipitada en el mar; y la tercera parte del mar se convirtió en sangre" (v. 8).

---

[10] Referencias bíblicas: Éxodo 17:14; Deuteronomio 25:17.
[11] Referencia bíblica: Ester 9:16-32.
[12] Referencia bíblica: 1º Samuel 15:1.

Entonces, en la primera, el toque de trompetas son los árboles y la hierba verde los que son afectados. En la segunda parte es el mar el que también automáticamente es afectado. Así que vayan sumando las cosas que van cambiando.

"Y murió la tercera parte de los seres vivientes que estaban en el mar, y la tercera parte de las naves fue destruida" (v. 9).

Va a ser algo tremendo. Hace no mucho tiempo, hemos visto en televisión imágenes de miles y miles de peces flotando en las orillas de las playas debido a todas esas cosas que han ocurrido últimamente en España. Así que estamos viendo la punta del iceberg. Estamos viendo como es posible que, con un cataclismo, con una catástrofe de esta magnitud, puedan morir millones de peces.

Tercera trompeta: "El tercer ángel tocó la trompeta, y cayó del cielo una gran estrella, ardiendo como una antorcha, y cayó sobre la tercera parte de los ríos, y sobre las fuentes de las aguas. Y el nombre de la estrella es Ajenjo. Y la tercera parte de las aguas se convirtió en ajenjo; y muchos hombres murieron a causa de esas aguas, porque se hicieron amargas" (v. 10-11).

Algunos pueden decir que es como un meteorito ardiendo, o como una antorcha que cayó sobre la tercera parte de los ríos y sobre las fuentes de las aguas. Pasamos de la hierba verde a los árboles, pasamos del mar a los ríos.

Fíjense que la primera plaga que el Señor mandó a Egipto fue la contaminación de las aguas. Se convirtieron en sangre, por lo tanto, esas aguas no se podían beber. Y otra vez las aguas vuelven a ser afectadas en este toque de trompeta.

> **Cuarta trompeta:** "El cuarto ángel tocó la trompeta, y fue herida la tercera parte del sol, y la tercera parte de la luna, y la tercera parte de las estrellas, para que se oscureciese la tercera parte de ellos, y no hubiese luz en la tercera parte del día, y asimismo de la noche" (v. 12).

Ahí hay astros que se ven afectados. Es curioso, porque esta expresión sobre el sol, la luna y las estrellas la van a leer muchas veces, no solamente aquí. Cuando vayamos al capítulo 12, y estudiemos y analicemos quién es la mujer que está con dolores de parto a punto de parir y Satanás tratando de devorar al niño que lleva en su vientre, dice que "estaba con el sol, la luna y las estrellas". Se vuelve a mencionar uno de los sueños que tuvo José en el Antiguo Testamento, pues también habla de que soñó con el sol, la luna y las estrellas. Son expresiones muy repetitivas. *"Y miré, y oí a un ángel volar por en medio del cielo, diciendo a gran voz: ¡Ay, ay, ay, de los que moran en la tierra, a causa de los otros toques de trompeta que están para sonar los tres ángeles!"* (v. 13).

A continuación, nos relata los siguientes toques de trompeta.

> **Quinta trompeta:** "El quinto ángel tocó la trompeta, y vi una estrella que cayó del cielo a la tierra; y se le dio la llave del pozo del abismo. Y abrió el pozo del abismo, y subió humo del pozo como humo de un gran horno; y se oscureció el sol y el aire por el humo del pozo. Y del humo salieron langostas sobre la tierra; y se les dio poder, como tienen poder los escorpiones de la tierra. Y se les mandó que no dañasen a la hierba de la tierra, ni a cosa verde alguna, ni a ningún árbol, sino solamente a los hombres que no tuviesen el sello de Dios en sus frentes" (Ap. 9:1-4).

¿Quiénes son los hombres que tienen el sello de Dios en sus frentes? Los 144 000. Pero los demás, que no tenían el sello, la marca, la identificación de Dios en su cuerpo; a esos se les atormentaría.

Dios siempre ha hecho diferencia entre los justos y los injustos. En Egipto lo hizo, en el diluvio lo hizo; en la destrucción de Sodoma y Gomorra lo hizo. Siempre ha habido una gran diferencia entre sus hijos, entre su pueblo y los que no son su pueblo. Dios siempre ha protegido, siempre ha cuidado, siempre ha marcado una diferencia entre los que le pertenecen y los que no le pertenecen. Dice: "Pueden dañar a los hombres que no tienen el sello de Dios en sus frentes".

> **Sexta trompeta**: "El sexto ángel tocó la trompeta, y oí una voz de entre los cuatro cuernos del altar de oro que estaba delante de Dios, diciendo al sexto ángel que tenía la trompeta: Desata a los cuatro ángeles que están atados junto al gran río Eufrates. Y fueron desatados los cuatro ángeles que estaban preparados para la hora, día, mes y año, a fin de matar a la tercera parte de los hombres. Y el número de los ejércitos de los jinetes era doscientos millones. Yo oí su número. Así vi en visión los caballos y a sus jinetes, los cuales tenían corazas de fuego, de zafiro y de azufre. Y las cabezas de los caballos eran como cabezas de leones; y de su boca salían fuego, humo y azufre. Por estas tres plagas fue muerta la tercera parte de los hombres; por el fuego, el humo y el azufre que salían de su boca" (v. 13-18).

Presten atención al final del capítulo 9, dice: *"Y los otros hombres que no fueron muertos con estas plagas, ni aun así se arrepintieron de las obras de sus manos"* (v. 20).

Ya ha habido catorce juicios terribles: catástrofes, el mar afectado, la fuente de las aguas... Miles y millones de personas han muerto, pero dice que ni aún así se arrepintieron de las obras de sus manos, ni dejaron de adorar a los demonios. En la Biblia, la idolatría es comparada a adorar a demonios: *"Ni dejaron de adorar a los demonios, y a las imágenes de oro, de plata, de bronce, de piedra y de madera, las cuales no pueden ver, ni oír, ni andar; y no se arrepintieron de sus homicidios, ni de sus hechicerías, ni de su fornicación, ni de sus hurtos"* (v. 21).

Es increíble como la dureza del corazón del hombre, ni siendo castigado con estos juicios terribles de parte de Dios, dice que "ni aun así, muchos se arrepintieron de sus obras". Es tremendo ver como una persona se niega a creer y a humillarse, y no hay manera.

Miren al faraón, si alguien vio milagros, si alguien vio cosas tremendas que nadie había visto, fue el faraón. El río Nilo, el más largo del mundo convertido en sangre. ¿Se imaginan lo que es eso? Sangre, ranas en la cama, que le entraban por todas las habitaciones, piojos, muerte de los primogénitos, granizo, muerte del ganado, úlceras, moscas... Endureció su corazón de tal manera que no había forma de reconocer que el Dios de los hebreos, el Dios de Israel, era el Dios vivo y verdadero. Por lo tanto, la voluntad del hombre no es anulada ni siquiera después de la conversión. Cuando una persona se convierte, Dios no anula su voluntad, sino que puede seguir tomando decisiones propias en su libre albedrío.

Y en este caso, la voluntad individual de estas personas es: "No nos vamos a arrepentir ni viendo castigos, ni siendo perjudicados con estas plagas o epidemias". No se quisieron arrepentir de todo lo que ahí se menciona. Siguieron adorando imágenes, siguieron con sus hechiceros, con su fornicación, con su libertinaje, etc. Es increíble, pero si los hombres creen, o incluso ustedes, que ya Dios va a decir: "Bueno, vale, no se quieren arrepentir, me detengo". No, todavía queda lo peor. Todavía queda la segunda parte de la Gran Tribulación, la cual es tremenda.

Durante la primera parte de la Gran Tribulación, los 144 000 van a estar predicando junto con los dos testigos (*cf.* 11:3).

Sobre estos dos personajes, nadie puede afirmar de quiénes se trata.

Se puede especular, y se puede opinar. No hay nada malo en decir que hubo dos personajes en la Antigüedad que, según nos cuenta la Biblia, no murieron. La Biblia dice que Enoc caminó con Dios, y con Dios se fue. Además, la Biblia presenta a Enoc en el Nuevo Testamento como un profeta, como un hombre que vio, habló y escribió de la segunda venida de Cristo.

Quisiera que veamos unos versículos del penúltimo libro del Nuevo Testamento, y es la carta de Judas (ni siquiera tiene un capítulo, son, digamos, como versículos sueltos). El versículo 14, habla acerca de Enoc: *"De éstos también profetizó Enoc"*. Lo curioso es que cuando vamos al libro de Génesis (que es donde se ubica el personaje de Enoc), no lo vemos profetizando. Pero, sin embargo, Judas dice que Enoc profetizó. Por tanto, en la época del Nuevo Testamento se sabía lo que profetizó.

Hay un libro apócrifo, que recibe el nombre de "Libro de Enoc". Y dice que Enoc, que fue la séptima generación después de la de Adán: "He aquí, vino el Señor con sus santas decenas de millares". Esto no fue en la primera venida, porque el Señor no vino con sus santas decenas de millares en su primera venida. Luego este personaje ancestral, antes de Abraham, antes de Moisés, antes de la ley, dice: "Vino el Señor con sus santas decenas de millares para hacer juicio contra todos, y dejar convictos a todos los impíos de todas sus obras impías que han hecho impíamente, y de todas las cosas duras que los pecadores impíos han hablado contra Él". Esto lo dijo Enoc, y ese hombre no murió. Dice la Biblia que Dios lo arrebató, se lo llevó.

Y hay un segundo personaje, que es el profeta Elías, el cual dice la Biblia que fue arrebatado en vida. Un carro de fuego se lo llevó a la presencia del Señor. Y son los dos únicos personajes de la historia que no experimentaron la muerte. ¿Por qué se dice que pueden ser Enoc y Elías esos dos testigos, o dos predicadores que van a venir en la primera parte de la era de la Gran Tribulación? Porque no murieron. Hay un versículo que habla acerca de esto, el cual está en Hebreos 9:27: "Es necesario que todos los hombres mueran una sola vez, y después de esto, el juicio". Algunos dicen: "Si está establecido por Dios que todos los hombres mueran una sola vez, y éstos no murieron...". Dice la Biblia que matan a los dos predicadores o a los dos testigos, o a los dos olivos, como se les llama en el libro de Zacarías. Así que, no van a morir dos veces. Como no han muerto, los matan en la Gran Tribulación. A los tres días, el Señor los resucita y los lleva a su presencia.

Entonces, algunos dicen: "Puede ser Enoc, puede ser Elías". Pero yo no me atrevo a decir que son Enoc y Elías, porque la Biblia no lo dice. Hay un libro, que escribió un pastor español, donde dice los nombres de los dos testigos. Claro, tendrá una iluminación que no tuvo ni Juan en el Apocalipsis.

Otros dicen que puede ser Moisés y Elías: Moisés como representante de la ley, y Elías como representante de los profetas. Porque, además, en el monte Tabor, el monte de la transfiguración, se presentaron estos dos personajes: Moisés y Elías. Y los dos estuvieron hablando con Cristo. Después, dice que desaparecieron y se quedó solo Jesús, se quedó solo el Señor allí. Pero bueno, yo veo en el libro del Génesis que dicen que Moisés murió.

Leamos, también en la carta de Judas, el versículo 9: *"Pero cuando el arcángel Miguel contendía con el diablo, disputando con él por el cuerpo de Moisés, no se atrevió a proferir juicio de maldición contra él, sino que dijo: El Señor te reprenda".* Satanás se quería llevar el cuerpo de Moisés, pero el cuerpo muerto, no el cuerpo vivo. Por lo tanto, Moisés murió.

Entonces, ¿en la Gran Tribulación Moisés vendrá y lo matarán? ¿Ustedes creen sinceramente que Moisés vendrá en la primera parte de la Gran Tribulación y a este hombre, a este santo varón de Dios, lo van a matar para después resucitarlo otra vez?

Sinceramente, bajo mi opinión personal, es que no. Yo no creo que el Señor tenga preparado a Moisés para que venga en la Gran Tribulación y lo maten.

Entonces, los dos únicos posibles candidatos que nos quedan son Enoc y Elías. Pero no tenemos ninguna autoridad bíblica, ningún respaldo bíblico para afirmar tal cosa. Así que, el Señor sabe quiénes son. Ni usted, ni yo, ni nadie en el planeta tierra sabe quiénes serán estas personas.

Lo que sí nos dice Apocalipsis capítulo 11, es a lo que vienen, lo que hacen, como mueren y como son resucitados.

> **Séptima trompeta:** "El séptimo ángel tocó la trompeta, y hubo grandes voces en el cielo, que decían: Los reinos del mundo han venido a ser de nuestro Señor y de su Cristo; y él reinará por los siglos de los siglos. Y los veinticuatro ancianos que estaban sentados delante de Dios en sus tronos, se postraron sobre sus rostros, y adoraron a Dios, diciendo: Te damos gracias, Señor Dios Todopoderoso, el que eres y que eras y que has de venir, porque has tomado tu gran poder, y has reinado. Y se airaron las naciones, y tu ira ha venido, y el tiempo de juzgar a los muertos, y de dar el galardón a tus siervos los profetas, a los santos, y a los que temen tu nombre, a los pequeños y a los grandes, y de destruir a los que destruyen la tierra. Y el templo de Dios fue abierto en el cielo, y el arca de su pacto se veía en el templo. Y hubo relámpagos, voces, truenos, un terremoto y grande granizo" (Ap. 11:15-19).

En la primera parte de la Gran Tribulación, sucederán cosas que en un momento determinado no son tan terribles como, por ejemplo, lo que algunos cristianos me han preguntado: "Pero hermano, entonces, ¿qué haremos cuando nos quieran marcar con la marca de la bestia? porque los que se dejen marcar, después no se podrán convertir". Pero, ¿en qué parte de la Biblia dice que en la primera parte (los primeros tres años y medio de la Gran Tribulación), marcarán a la gente con la marca de la bestia? ¿Dónde dice eso? No lo menciona. Por lo tanto, no hay que tener ningún temor de que vayamos a ser marcados con el chip; la marca del 666; de la bestia.

Muchos dicen: "Para poder comprar y vender hay que dejarse marcar, porque si no ¿qué haremos?". Pero es que eso no pasa la primera parte de la Gran Tribulación. Así que yo les digo a los que están con esa preocupación: Reléjense, no se preocupen por eso. Si vamos a estar en la primera parte la Gran Tribulación, ahí no pasa nada de la marca de la bestia. Usted podrá comprar y vender siempre y cuando tenga dinero. Si no tiene dinero, pues le va a pasar lo mismo que hoy en día. Algunos ya están pasando una tribulación en este momento, aunque no haya empezado el tiempo que estamos estudiando.

Algo que también va a ocurrir en la primera parte de la Gran Tribulación, es la reconstrucción del Templo de Jerusalén. Algunos dicen: "Bueno, pero eso es simbólico". Cuando alguien ve algo imposible y no recurre a la Palabra dice que eso es simbólico. ¿Saben que antes de la restauración nacional del pueblo de Israel en 1948, hasta algunos judíos llegaron a plantearse que la reconstrucción nacional (el retorno de Israel a su país), no era algo que se tenía que tomar como algo literal sino como algo simbólico? E incluso muchos judíos multimillonarios pensaron en ir a África y comprar grandes extensiones de terreno para crear el estado de Israel en aquel continente; y reconstruir allí el Templo de Jerusalén. Porque veían imposible que Israel pudiera volver a su país. ¿Imposible? En un solo día se proclamaron país.

Y la pregunta del profeta era: ¿En un día se levantará una nación[13]? Como diciendo que un país no se levanta en un día, ni en una semana.

Miren los catalanes, declararon una República catalana y de República catalana de momento nada. Miren los kurdos, los siglos que llevan reclamando un país. Están ahí entre Siria y entre los turcos, y no hay manera. ¿Cuántas etnias, cuántos pueblos están reclamando un territorio para declararlo país, y nada? El único país de la historia de la humanidad que se levantó en un día, fue el estado de Israel.

En mayo de 1948, se levantaron por la mañana y no existía Israel, y a las cuatro de la tarde ya existía el Estado israelí. Se trata de un milagro histórico, eso no había pasado nunca, ni pasará jamás. Y es una realidad.

____

[13] Referencia bíblica: Isaías 66:8.

Israel es un país con su bandera, su escudo, su himno, sus soldados, su gente. Y actualmente hay más de 9 millones de judíos que viven en el Estado Israelí. Los millones que irán a Israel en los próximos meses, en los próximos años... será algo tremendo.

Así que no tiene nada de simbólico, lo que pasa es que cuando la gente ve algo "imposible" de cumplir, dicen: "No, eso es algo simbólico".

Le pregunté una vez a un rabino en Jerusalén acerca de la reconstrucción del Tercer Templo, ¿y saben lo que me respondió?: "Hace setenta años atrás no existía este país, y ya estamos aquí, y era imposible que sucediera". Hoy en día, algunos dicen que es imposible porque está la mezquita de Omar, la mezquita de Al-aqsa, y Jordania protege la explanada de las mezquitas. Y se preguntan: ¿Qué va a pasar con los árabes si a los judíos se les ocurre subir al monte Moriá y reconstruir el Templo? Se ve como algo imposible. Entonces, ¿era más fácil que naciera un país en un solo día?

Miren, no me voy del tema, pero fíjense qué llamativo, cuando Jesús estaba predicando en una casa en Capernaúm, y de repente ve a un paralítico que no puede caminar, al cual descuelgan desde el techo entre cuatro amigos[14]. Lo primero que dice es: "Hijo, tus pecados te son perdonados". La gente se quedó asombrada diciendo: "Pero, ¿quién puede perdonar pecados sino solo Dios? Y a continuación, el Señor añade y dice: "Pues para que veáis que el Hijo del hombre tiene poder para perdonar pecados, le dije al paralítico: Levántate toma tu lecho y anda".

Sin embargo, la pregunta que hace el Señor es la siguiente: "¿Qué es más fácil, perdonar pecados o levantar a un paralítico?". Observen que no dice: ¿Qué es más difícil?". Claro, si la pregunta fuera para nosotros, diríamos: "Bueno, pues si perdonar pecados es simplemente lanzar una frase...".

Para Dios, la palabra "imposible" o "difícil" no existe. "¿Qué es más fácil: perdonar pecados o sanarlo?". Eso es lo que Dios va a hacer con el pueblo de Israel. Se trata de una restauración "nacional", que ya se ha producido, y una restauración "espectacular" de tipo espiritual.

Y eso es sobre lo que nos habla Ezequiel cuando leemos el pasaje de "los huesos secos[15]": Cómo se reconstruye, cómo se restaura nacionalmente y cómo se restaura espiritualmente la nación de Israel. Entonces, yo creo que muchas de estas cosas nosotros vamos a tener el privilegio de poder verlas. Y ya estamos comenzando a ver algunas realmente increíbles.

Nosotros somos privilegiados, porque podemos ir a Israel y ver que la primera parte de la profecía de la restauración nacional del país ya se ha cumplido. Muchos pastores lo predicaban, pero muchos hermanos nunca lo vieron cumplirse.

Nosotros, gracias a Dios hemos nacido después del año 1948, y podemos afirmar que eso es una realidad.

____

[14] Referencia bíblica: Marcos 2:1-12.
[15] Referencia bíblica: Ezequiel 37:1-14.

Así que, si ya se cumplió lo natural, no les quepa la menor duda de que lo espiritual también se va a producir.

Capítulo 4. Las setenta semanas de Daniel

Muchas personas se preguntan cuál es el fundamento para decir que la Gran Tribulación dura siete años. Me gustaría que leyéramos unos versículos muy interesantes del capítulo 9 del profeta Daniel.

"Setenta semanas están determinadas sobre tu pueblo y sobre tu santa ciudad, para terminar la prevaricación, y poner fin al pecado, y expiar la iniquidad, para traer la justicia perdurable, y sellar la visión y la profecía, y ungir al Santo de los santos. Sabe, pues, y entiende, que desde la salida de la orden para restaurar y edificar a Jerusalén hasta el Mesías Príncipe, habrá siete semanas, y sesenta y dos semanas; se volverá a edificar la plaza y el muro en tiempos angustiosos. Y después de las sesenta y dos semanas se quitará la vida al Mesías, mas no por sí; y el pueblo de un príncipe que ha de venir destruirá la ciudad y el santuario; y su fin será con inundación, y hasta el fin de la guerra durarán las devastaciones. Y por otra semana confirmará el pacto con muchos; a la mitad de la semana hará cesar el sacrificio y la ofrenda. Después con la muchedumbre de las abominaciones vendrá el desolador, hasta que venga la consumación, y lo que está determinado se derrame sobre el desolador" (v. 24- 27).

Es necesario ser conscientes de que las setenta semanas que el Señor le da al profeta Daniel como una especie de paquete profético, son literales. No es una información basada en el simbolismo, sino que se trata de un periodo de tiempo muy trascendental en la historia.

Ahora bien, esas setenta semanas están, digamos, en lenguaje hebreo; un lenguaje judío que Daniel entendía perfectamente. Pero hay un versículo que a ustedes les va a ayudar mucho a entender cuánto tiempo son setenta semanas. Y se encuentra en el libro de Levítico 25:8: *"Y contarás siete semanas de años, siete veces siete años, de modo que los días de las siete semanas de años vendrán a serte cuarenta y nueve años"*. Este versículo nos da la información de que no solamente hay "semanas de días", es decir, siete días de una semana; sino que hay "semanas de años".

Por lo tanto, cuando pasan siete años, se considera que ha pasado también una semana; pero en este caso de años. Las palabras en hebreo para "la semana de días" y para "la semana de años" es diferente. Es un aspecto que en español no se aprecia. Por lo cual, lo que el Señor está diciendo al profeta Daniel específicamente es que, desde que ellos reciban la autorización, desde que se firme el decreto para que puedan volver a Jerusalén y restaurar la ciudad (la cual está arruinada, porque setenta años antes Nabucodonosor había destruido el Templo, las murallas, etc.), pues desde que reciban esa autorización o la orden de restaurar Jerusalén hasta el Mesías Príncipe, es decir, hasta el Señor Jesucristo, pasarían sesenta y nueve semanas. O si lo traducimos a años, multiplicando por siete, son cuatrocientos ochenta y tres años. En esta información no hay nada de simbólico, pues desde el decreto que se firma para que retornen a restaurar Jerusalén hasta que el Señor Jesucristo entró triunfalmente montado en un pollino de asno por la santa ciudad de Jerusalén, pasaron literalmente cuatrocientos ochenta y tres años.

Pero si son setenta semanas (cuatrocientos noventa años), ¿cómo es que solamente han transcurrido cuatrocientos ochenta y tres años? Faltan siete. Esos siete años que faltan es la semana setenta del profeta Daniel, que entendemos que no se empiezan a contar desde el nacimiento de la Iglesia en el día de Pentecostés (*cf.* Hch. 2), sino que se abre, digamos, un paréntesis.

Y al final de esa etapa gloriosa y maravillosa de la Iglesia, es cuando comienza a producirse la Gran Tribulación o el tiempo de angustia de Jacob. Esos últimos siete años divididos en dos periodos de "tres años y medio" y "tres años y medio", en total siete, es lo que nos relata el libro del Apocalipsis.

LA MEDIDA DEL TIEMPO DE DANIEL: LAS "70 SEMANAS" DE AÑOS

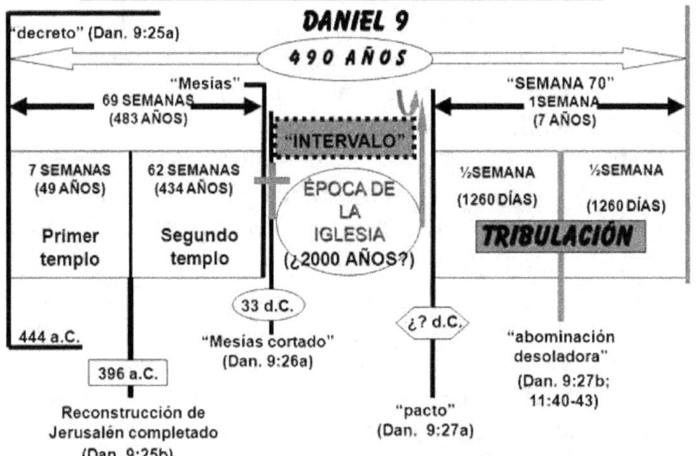

Así que, ante la pregunta: ¿Por qué se dice que la Gran Tribulación dura siete años? Bueno, pues porque si decimos que son "semanas de años" para la primera parte, los cuales se han cumplido desde el decreto hasta Cristo (cuatrocientos ochenta y tres años). También hemos de interpretar lo mismo para la segunda parte, y no pensar que la última semana es simbólica y que no representa realmente siete años, sino un tiempo indeterminado o simplemente un tiempo que no es real. Por lo tanto, no podemos tener dos varas de medir, no podemos medir en "centímetros" y en "pulgadas" al mismo tiempo. Así que no son semanas simbólicas, sino semanas reales.

Aunque hay personas que consideran que estas semanas son simbólicas, yo desde el primer momento he dejado bien claro que no es mi intención entrar en polémica con nadie. Si hay gente que opina que este tiempo es un tiempo (digamos simbólico), y no es literal; muy bien, que Dios lo bendiga. Pero bajo mi punto de vista se trata de un tiempo literal, y la Gran Tribulación son siete años literales. Donde, en la primera parte, ocurren los sellos y las trompetas, y en la segunda parte ocurren las copas de la ira. Eso es lo que les estoy enseñando a través de este libro, y cada semana lo comparto a través de las redes sociales con los estudiantes, tanto los que se congregan conmigo, como los que me ven desde diferentes lugares del mundo.

Cuatrocientos ochenta y tres años pasaron desde que salieron del cautiverio en Babilonia, hasta que entra triunfalmente Cristo en Jerusalén. Pero es que, el paquete profético, la revelación o la información que le da el Señor a Daniel, son de cuatrocientos noventa años. Por lo que se deduce que esos cuatrocientos ochenta y tres años, son años seguidos. Se detiene el avance de las semanas, y entra lo que se llama el "periodo de la gracia de la Iglesia". Y después, los últimos siete, son los famosos siete años de la Gran Tribulación. Por esto concluimos que la Gran Tribulación (última semana de la visión de Daniel) dura un periodo de siete años (una semana de tiempo bíblico), según hemos visto en el libro de Levítico y en el de Daniel.

Para saber qué es lo que ocurre en estos últimos siete años, tenemos que entrar a estudiar Escatología. Y sobre todo el libro de Apocalipsis, porque relata el desarrollo y la información de lo que va a ocurrir en esta última semana.

¿Qué sucedió en el periodo de las primeras sesenta y nueve semanas de la visión de Daniel? Lo encontramos en los libros del Antiguo Testamento: El libro de Esdras, el libro de Nehemías, etc. Allí usted podrá saber lo que pasó de aquí para atrás. ¿Y dónde tengo los datos para saber lo que sucedió de aquí para adelante en la última semana? En las cartas de Pablo a los Tesalonicenses, en el libro del Apocalipsis; en el capítulo 24 de Mateo; en el capítulo 21 de Lucas... Allí se encuentra toda la información para saber lo que va a ocurrir.

Esa última semana, que la conocemos y la llamamos como la Gran Tribulación. A pesar de que son siete años, en el capítulo anterior hemos estudiado que hay diferencia entre la primera parte y la segunda parte. Hay un orden. Hasta en los últimos tiempos de caos, y de guerras, y de rumores de guerra, Dios ha establecido un orden. Y en ese orden van: los sellos, a continuación, las trompetas, y finalmente las copas de la ira.

- **Los sellos**

1) El primero es cuando aparece aquel caballo blanco con un jinete que lleva un arco sin flecha, y es la puesta en escena o la presentación, la manifestación y el reconocimiento del anticristo.
2) El sello número dos, es cuando el caballo cambia de color y comienza a quitarse la paz de la tierra.
3) En el tercer sello aparece un jinete con una balanza en la mano, que indica que habrá una subida de precios; una inflación tremenda.
4) El cuarto sello es la muerte a consecuencia de la guerra y del hambre.
5) En el quinto sello muchas personas pierden la vida por causa del testimonio de Jesucristo, aquellos que pierden la vida por causa del Señor.
6) El sexto sello menciona un terremoto de tal magnitud, que dice que algunas islas se mueven de su lugar y también los montes. Además, la gente comienza a esconderse en cuevas.
7) Y el séptimo sello es lo que le da la apertura a la primera trompeta.

- **Las trompetas**

1) El tema de las trompetas lo vemos en el capítulo 8 del libro de Apocalipsis, a partir del versículo 6: *"Y los siete ángeles que tenían las siete trompetas se dispusieron a tocarlas. El primer ángel tocó la trompeta, y hubo granizo y fuego mezclados con sangre, que fueron lanzados sobre la tierra; y la tercera parte de los árboles se quemó, y se quemó toda la hierba verde".* Fíjense el tiempo del verbo: "se quemó". Algo como que ya ha ocurrido, y esto aún no había ocurrido en los tiempos de Juan ni en nuestro tiempo. Pero Dios lo cuenta en pasado cuando realmente esta hablando del futuro. Esto es lo que ocurre cuando suena la primera trompeta: fuego, sangre, la naturaleza es afectada; se queman los árboles, la hierba verde.

2) *"El segundo ángel tocó la trompeta, y como una gran montaña ardiendo en fuego fue precipitada en el mar; y la tercera parte del mar se convirtió en sangre"* (v. 8). Podríamos decir que está hablando de un meteorito. *"Y murió la tercera parte de los seres vivientes que estaban en el mar, y la tercera parte de las naves fue destruida"* (v. 9). La primera trompeta afectaba a la tierra, la hierba, los árboles... Este segundo toque de trompeta afecta a las aguas del mar.

3) *"El tercer ángel tocó la trompeta, y cayó del cielo una gran estrella, ardiendo como una antorcha, y cayó sobre la tercera parte de los ríos, y sobre las fuentes de las aguas. Y el nombre de la estrella es Ajenjo. Y la tercera parte de las aguas se convirtió en ajenjo; y muchos hombres murieron a causa de esas aguas, porque se hicieron amargas"* (v. 10-11). Es tremendo, y anteriormente les dije que compararan los juicios de las trompetas con las plagas en Egipto, porque tienen mucha similitud; hay muchas cosas que se parecen.

4) *"El cuarto ángel tocó la trompeta, y fue herida la tercera parte del sol, y la tercera parte de la luna, y la tercera parte de las estrellas, para que se oscureciese la tercera parte de ellos, y no hubiese luz en la tercera parte del día, y asimismo de la noche. Y miré, y oí a un ángel volar por en medio del cielo, diciendo a gran voz: ¡Ay, ay, ay, de los que moran en la tierra, a causa de los otros toques de trompeta que están para sonar los tres ángeles!"* (v. 12-13). Si se dan cuenta habla de cataclismos, catástrofes, cosas que afectan a la naturaleza. A lo cual ya nos hemos venido acostumbrando desde hace tiempo: a terremotos, a tsunamis, a volcanes... Por lo tanto, todo lo que estamos leyendo ahora mismo es algo que puede ocurrir digamos en cualquier momento. Hubo un tsunami que mató a trescientas mil personas no hace mucho tiempo. También han caído muchísimos meteoritos desde el cielo, etc. Así que estas cosas pueden ocurrir, y mucha gente ni sabe lo que son los toques de trompeta de los cuales nos habla la Biblia en Apocalipsis capítulo 9.

5) *"El quinto ángel tocó la trompeta, y vi una estrella que cayó del cielo a la tierra; y se le dio la llave del pozo del abismo. Y abrió el pozo del abismo, y subió humo del pozo como humo de un gran horno; y se oscureció el sol y el aire por el humo del pozo. Y del humo salieron langostas sobre la tierra; y se les dio poder, como tienen poder los escorpiones de la tierra. Y se les mandó que no dañasen a la hierba de la tierra, ni a cosa verde alguna, ni a ningún árbol, sino solamente a los hombres que no tuviesen el sello de Dios en sus frentes"* (v. 1-4). Y uno dice: "Bueno, ¿y quiénes son los que tienen el sello de Dios en sus frentes? Los 144 000 judíos, doce mil por cada tribu que vimos en uno de los capítulos anteriores. Dice la Biblia que el Señor los selló en sus frentes para que no fueran dañados, por lo tanto, a esos no se les puede dañar. *"Y les fue dado, no que los matasen, sino que los atormentasen cinco meses; y su tormento era*

como tormento de escorpión cuando hiere al hombre. Y en aquellos días los hombres buscarán la muerte, pero no la hallarán; y ansiarán morir, pero la muerte huirá de ellos" (v. 5-6). Ahora bien, a continuación, nos da una descripción de esas langostas: *"El aspecto de las langostas era semejante a caballos preparados para la guerra; en las cabezas tenían como coronas de oro; sus caras eran como caras humanas; tenían cabello como cabello de mujer; sus dientes eran como de leones; tenían corazas como corazas de hierro; el ruido de sus alas era como el estruendo de muchos carros de caballos corriendo a la batalla"* (v. 7-9). Generalmente se piensa que estas langostas no son literales, ya que no se alimentan de aquello que es natural para las langostas.

6) El juicio de la sexta trompeta se encuentra en los versículos 13 al 19, y consiste en que un gran ejército recibirá ordenes de marcar con su fuerza destructiva por toda la faz de la tierra.

7) La séptima trompeta y el juicio del tercer *ay* (11:15), nos presentan el regreso de Cristo a la tierra y la seguida destrucción de todas esas fuerzas hostiles al finalizar la guerra del Armagedón.

Para entender por qué la Gran Tribulación dura siete años, podemos verlo en la visión que tuvo Daniel y que dejó escrita en el capítulo 9. Pero lo que le revela fundamentalmente a Daniel es solo lo concerniente a su pueblo, hay muchas cosas que el Señor no le contó de la semana setenta, porque eso ya el Señor lo dejaría para más adelante. Por ejemplo, en el libro del Apocalipsis, lo que ellos necesitaban saber es cuándo iban a salir; cómo iban a salir; cuánta gente iba a salir; cómo iban a poder restaurar la ciudad... etc. Porque era lo que a ellos les interesaba, ya que era lo que muchos de ellos iban a vivir.

En mi iglesia he compartido una serie de mensajes sobre Nehemías, el cual fue un gran restaurador. Un hombre que tuvo la visión de decir: "Bueno, esto vamos otra vez a ponerlo a funcionar, vamos a restaurar las murallas". También tenemos el caso de Esdras, que era un sacerdote al que le interesaba la restauración espiritual del pueblo. Además, tenemos al gobernador de la ciudad de Jerusalén, el cual se llamaba Zorobabel. Tenemos a nuestro alcance muchos detalles que ocurren en ese periodo. Pero claro, es que ya eso es historia. Está bien conocerla, pero nosotros esa historia no la vivimos; no nos concierne directamente en el sentido de que la ciudad de Jerusalén ya es un hecho, etc. Lo que sí nos concierne y nos interesa saber es lo que va a ocurrir en los últimos tiempos. Entonces, partimos de la base de que el tiempo en la Biblia se cuenta de una forma muy diferente a como nosotros los occidentales o los cristianos lo contamos, porque el calendario que nosotros utilizamos no existía en el tiempo de la Biblia. El calendario que nosotros utilizamos es un calendario mandado a hacer por el papa Gregorio. Se trata de un calendario basado en el Sol: el tiempo que tarda la Tierra en girar alrededor del Sol, con sus cuatro estaciones; con sus dos movimientos de traslación y rotación, sobre sí misma y alrededor del Sol.

En la Biblia, el tiempo es lunar (las fases de la Luna), entonces por eso el calendario bíblico tiene 360 días y el nuestro tiene 365. ¿Cómo se compensa ese desfase entre uno y otro? Según los expertos, si yo voy avanzando y llego a 360 y usted a 365, en diez años hay cincuenta días de diferencia. Y así sucesivamente. Le añaden otro mes al año para compensar el desbalance; y se llaman años "preñados". Así que, hay años que en vez de que el calendario tenga doce meses, tiene trece, para compensar la diferencia y así igualarlo. Pero cuando usted estudia profecía, cuando estudia cosas que tienen que ver con el tiempo en la Biblia, es necesario conocer ese dato que le acabo de dar. Porque si no, no cuadran las fechas. Por eso muchas veces dice la gente: "Es que en la Biblia hay muchas contradicciones". No es así, no hay ninguna contradicción. Lo que pasa es que la forma de contabilizar el tiempo en la Biblia es completamente diferente.

• El *kronos* y el *kairos*

Hay dos cosas muy importantes que quiero compartirles, aunque aparentemente no tienen relación con la Escatología, pero sí que tienen muchísimo que ver. Y es sobre la pregunta que le hacen los discípulos al Señor el día de la Ascensión. En el libro de los Hechos, el Señor Jesucristo ya estaba a punto de ascender, de marcharse. Me llama la atención porque este libro, que también lo escribió Lucas[16], dirigido a un tal Teófilo, dice en el capítulo 1: *"En el primer tratado, oh Teófilo, hablé acerca de todas las cosas que Jesús comenzó a hacer y a enseñar, hasta el día en que fue recibido arriba, después de haber dado mandamientos por el Espíritu Santo a los apóstoles que había escogido; a quienes también, después de haber padecido, se presentó vivo con muchas pruebas indubitables, apareciéndoseles durante* cuarenta días *y hablándoles acerca del reino de Dios"* (v. 1-3). Cristo resucita, está cuarenta días seguidos con los discípulos, y hay un monotema, les habla fundamentalmente del Reino de Dios. Cuarenta días seguidos escuchando lecciones espectaculares: *"Y estando juntos, les mandó que no se fueran de Jerusalén, sino que esperasen la promesa del Padre, la cual, les dijo, oísteis de mí. Porque Juan ciertamente bautizó con agua, mas vosotros seréis bautizados con el Espíritu Santo dentro de no muchos días. Entonces los que se habían reunido le preguntaron, diciendo: Señor, ¿restaurarás el reino a Israel en este tiempo? Y les dijo: No os toca a vosotros saber los tiempos o las sazones, que el Padre puso en su sola potestad"* (v. 4-7).

El idioma en el que se escribió el Nuevo Testamento es el griego. El cual posee una riqueza léxica espectacular. Y a veces en este idioma hay diferentes términos o palabras para referirse a un mismo concepto.

____

[16] El primer tratado es el Evangelio de Lucas, y este sería el segundo.

Por ejemplo, en el griego existen tres términos para describir o diferenciar la palabra "amor": eros, filio, y ágape. Pero en español, decir "amor" suena muy genérico y debemos aclarar a qué tipo de amor nos estamos refiriendo. Además, existen dos palabras, de las cuales voy a hablar, que son *kronos* y *kairos*. Las dos se interpretan o se traducen por la palabra "tiempo". Pero ¿cuál es la diferencia?

Lucas menciona que cuando el Señor Jesucristo resucitó, estuvo durante cuarenta días (*cf.* Hch. 1:3), prácticamente a diario, hablándoles del Reino de Dios. Un reino mucho más elevado que cualquier reino terrenal. Sin embargo, cuando el Señor Jesucristo va a ascender, los discípulos le preguntan: "¿Le restaurarás a Israel el Reino en este tiempo? Es decir, nos ha hablado del Reino de Dios, pero queremos saber si vamos a recuperar otra vez la monarquía, nuestros reyes". Ya no existía la época dorada de la monarquía con David, Salomón, etc. Pero el sueño de Israel era restaurar el Reino, vencer a los enemigos (en este caso a los romanos); volver a tener su propio rey de carne y hueso, etc. Y, ¿qué les responde el Señor?: "No les corresponde a ustedes, no estén preocupados por los tiempos o las ocasiones".

Esas palabras, "tiempos" y "ocasiones", se corresponden con las palabras *kronos* y *kairos*. ¿Cuál es la diferencia entre una y otra? La palabra "cronología" y la palabra "cronómetro" están íntimamente relacionadas con la palabra *kronos*. Es el tiempo lineal. Es decir, hoy es martes, mañana inevitablemente será miércoles; y pasado mañana será jueves. Y de esta manera toda la historia de la humanidad siempre será igual. Cuando termine el mes de febrero, vendrá el mes de marzo; y cuando termine la estación del invierno, vendrá la primavera; y así sucesivamente. Eso es el *kronos*, es el tiempo lineal donde no hay nada que cambie, nada que varíe. No hay ninguna característica especial del *kronos*. Es el tiempo transcurrido, en algunos casos muy rápidamente, y en algunos casos muy lentamente (según como nos afecte).

Pero, el *kairos* es el tiempo de Dios dentro del tiempo de los hombres. Dios decide actuar en nuestro tiempo lineal y dice: "Yo voy a hacer en este tiempo algo diferente". Es cuando el *kairos*, en este caso Dios, decide intervenir en la historia. Esa es la diferencia entre el *kronos* y el *kairos*.

Jesús no nació en Babilonia en el año 300 a. C. ni nació en el año 180 d. C. después de su era, sino que Él nació cuando ya Dios lo había establecido. El *kairos* (tiempo de Dios) se une con el *kronos* o tiempo del hombre, cuando Dios dice: "Cuatrocientos años estará el pueblo de tu descendencia, Israel, en Egipto". Es como decir: "El tiempo transcurre, pero ustedes van a estar el tiempo que yo diga". Esa es la gran diferencia. Entonces, el tiempo transcurre inevitablemente sin cesar. Eso es una cosa que no podemos negar, no podemos decir que no corra el tiempo, sino que el tiempo sigue, y sigue.

Es un concepto que a mí personalmente siempre me ha apasionado. Vemos por nosotros mismos como el tiempo va pasando, vemos que ya hemos crecido, y algunos tenemos canas pues hemos envejecido, etc. Esa es la realidad inexorable del tiempo, no lo podemos detener nos guste o no. Llegará el momento en que nos vamos a deteriorar y moriremos. Pero dentro de todo eso hay cosas que ocurren, y esas cosas que ocurren establecidas por la soberanía de Dios son el *kairos,* eso es lo que marca la diferencia.

¿Quién establece esas variaciones en el tiempo, esas intervenciones soberanas en el tiempo de los humanos, en nuestra dimensión? Evidentemente Dios. Nadie controla ni el transcurrir del tiempo lineal ni el *kairos*. Nadie puede decir que mañana va a pasar esto o aquello si no son cosas que Dios ha establecido. Que, si Él quiere, nos las revela. Por ejemplo, en lo referente a la Gran Tribulación algunos dicen: "Vamos a orar para que no venga la Gran Tribulación; vamos a orar para que no se manifieste el anticristo". No pierda usted el tiempo, dedíquese a otra cosa. Porque Dios ha establecido que en momentos puntuales de la historia van a ocurrir cosas sí o sí, nos gusten o no, nos afecten directa o indirectamente. Hay cosas que son totalmente inalterables y esa es la gran diferencia entre el *kronos* y el *kairos*. Cuando Dios revela proféticamente algo sobrenatural, algo diferente a lo habitual que va a ocurrir, eso es el *kairos*. Cuando Dios dice, por ejemplo, en el sexto sello: "Habrá un terremoto". ¿Quién estableció que cuando llegue el periodo del sexto sello habrá un terremoto? Dios. Y si no lo hay es que no lo va a haber, porque así Dios lo ha establecido.

En el primer milagro que realizó Cristo habla del tiempo. Cuando su madre le dice que no tenían vino, y Él le dice: "Mujer, aún no ha llegado mi hora, es decir, no ha llegado mi *kairos* (mi tiempo), en este *kronos* (tiempo humano). Yo sé cuando tengo que empezar, yo sé cuando tengo que hablar y cuando debo callar[17]". Fue un milagro por misericordia, pero no porque realmente ya hubiera comenzado su ministerio.

Pero hay momentos en que Él dice: Vamos a Jerusalén, y me va a pasar esto, esto, y esto. Y aunque Pedro diga: "No no, Señor de ninguna manera te acontezca esto". El Señor de repente le dice: "Satanás, apártate de mí[18]. Está establecido por Dios que voy a morir, y voy a resucitar; y voy a ascender; y voy a volver por segunda vez".

Todo eso entra dentro del *kairos*, los momentos en los que Dios domina el tiempo. Y fuera de toda probabilidad humana dice: "Va a pasar esto". Y ocurre, porque lo que para nosotros es profético, para Dios es una realidad. Lo que Dios revela por misericordia, para Él es un hecho que no tiene nada de milagroso. Dios en sí mismo y todo lo que hace para nosotros es milagroso, pero su naturaleza es así; Él no deja de sorprendernos.

Partimos de la base de que (lo cual ya mencioné en una ocasión), así como en el Antiguo Testamento, Dios utiliza el lenguaje de los hombres para dar a conocer la Palabra de Dios. De ahí surgen tantos antropomorfismos, que son figuras como "espalda", "mano", "ojos", "pies", "corazón", etc. para describir la naturaleza y la esencia de Dios.

---

[17] Referencia bíblica: Juan 2:3-4.
[18] Referencia bíblica: Mateo 16:23.

En el libro del Apocalipsis, debido a lo que Juan está viendo, pues probablemente él esté describiendo cosas: un tipo de armamento, un tipo de carros de combate, o de aviones. Que claro, él no tiene el lenguaje en ese momento para describir todo eso. Porque dice que el ruido de sus alas era como el estruendo de muchos carros, de caballos corriendo hacia la batalla. Es como si usted escucha un avión de combate, hace un ruido espectacular. Pero él no tiene el lenguaje para describirlo. Entonces, compara con animales, con leones, con langostas, cosas que para nosotros hoy en día serían otra cosa diferente a la que él vio.

"Tenían colas como de escorpiones, y también aguijones; y en sus colas tenían poder para dañar a los hombres durante cinco meses. Y tienen por rey sobre ellos al ángel del abismo, cuyo nombre en hebreo es Abadón, y en griego, Apolión" (Ap. 9:10-11). Ahí tenemos dos nombres para referirse al ángel del abismo, uno en griego y otro en hebreo. No todos los ángeles en la Biblia aparecen con su respectivo nombre, de muy pocos ángeles se nos dice el nombre que tenían. Por ejemplo, Gabriel, Miguel, aquí hablan de un tal Abadón o Apolión. El mismo Satanás recibe muchos nombres: príncipe de las tinieblas, diablo, etc. Hay millones de ángeles que no sabemos cómo se llaman, pero evidentemente tienen un nombre.

"El primer ay pasó; he aquí, vienen aún dos ayes después de esto. El sexto ángel tocó la trompeta, y oí una voz de entre los cuatro cuernos del altar de oro que estaba delante de Dios, diciendo al sexto ángel que tenía la trompeta: Desata a los cuatro ángeles que están atados junto al gran río Eufrates" (v. 12-14). El río Éufrates es un río inmenso, es un río enorme que cruza varios países. Y este río es mencionado en el primer libro de la Biblia: "el Tigris y el Éufrates". Dice que por allí estaba una parte del límite del jardín del Edén[19]. El jardín del Edén era inmenso, pero también se menciona al río Nilo con otro nombre, el cual también formaba parte y regaba el jardín del Edén.

____

[19] Referencia bíblica: Génesis 15:18.

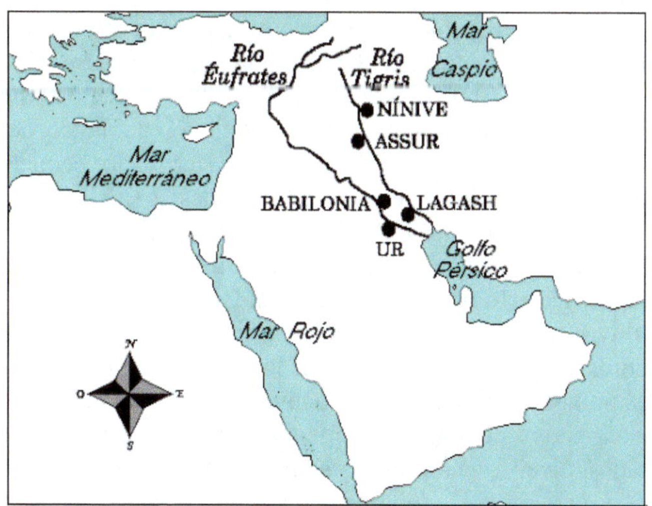

Es decir que, si tenemos a mano izquierda a Egipto como parte del territorio del jardín, y a la derecha la zona de Babilonia (lo que hoy en día sería Irak, donde se encuentran el río Éufrates y Tigris), Dios le dio a Adán la responsabilidad de cuidar o proteger un territorio de miles y miles de metros cuadrados. Desde nada más y nada menos que desde Babilonia, o Irak en la actualidad, hasta Egipto. Todo eso formaba parte del jardín del Edén. La capacidad de Adán para poder recorrer ese territorio, de escribir y ponerle nombre a esos animales; cuidar de ese territorio; la capacidad del movimiento, del radio de acción de Adán, tenía que ser sin lugar a dudas impresionante.

Probablemente se trasladaba andando o simplemente pensando de un lugar a otro, porque antes del pecado Adán era un hombre que no tenía ningún tipo de limitaciones. Se movía con facilidad por el jardín del Edén, de una forma tremenda.

____

[20] Imagen tomada de la página web:
http://fichasdehistorialiceo51.blogspot.com/2018/02/ficha-6-mesopotamia-1-ano.html

De ahí que uno diga: "Bueno, y cuando Eva pecó ¿dónde estaba Adán?". Probablemente Adán estaba en la otra punta del jardín del Edén, y por eso Satanás aprovechó la ausencia del marido, el vacío. Él no estaba al lado de Eva en ese momento, y fue cuando Satanás le tentó. Pero no estamos hablando de un territorio como la Isla del hierro, o un territorio pequeñito, estamos hablando de un territorio que va desde Babilonia (Irak en la actualidad) hasta Egipto. Y ahí se mencionan esos ríos. En el río Éufrates dice que allí están atados cuatro ángeles, o cuatro demonios. De esto nos habla Pedro. La Biblia dice que después del diluvio, el Señor aprisionó y ató en prisiones de oscuridad a demonios tan poderosos, que fíjense lo que ha hecho Satanás con sus demonios a lo largo de los tiempos de la humanidad. Pero cuando estos demonios tremendamente destructivos son desatados, dice: *"que estaban preparados para la hora, día, mes y año, a fin de matar a la tercera parte de los hombres"* (v. 15). Se trata de un poder destructivo espectacular.

"Y el número de los ejércitos de los jinetes era doscientos millones. Yo oí su número. Así vi en visión los caballos y a sus jinetes, los cuales tenían corazas de fuego, de zafiro y de azufre. Y las cabezas de los caballos eran como cabezas de leones; y de su boca salían fuego, humo y azufre. Por estas tres plagas fue muerta la tercera parte de los hombres; por el fuego, el humo y el azufre que salían de su boca. Pues el poder de los caballos estaba en su boca y en sus colas; porque sus colas, semejantes a serpientes, tenían cabezas, y con ellas dañaban. Y los otros hombres que no fueron muertos con estas plagas, ni aun así se arrepintieron de las obras de sus manos, ni dejaron de adorar a los demonios, y a las imágenes de oro, de plata, de bronce, de piedra y de madera, las cuales no pueden ver, ni oír, ni andar; y no se arrepintieron de sus homicidios, ni de sus hechicerías, ni de su fornicación, ni de sus hurtos " (v. 16-21).

Este pasaje describe una etapa tan terrible de juicios, de guerras, de matanzas, de cataclismos... Y la gente, muchos de ellos todavía siguen sin querer arrepentirse. Sabiendo que detrás de todo esto hay un trasfondo espiritual, sabiendo de dónde proceden estos juicios, estos castigos, esta ira de Dios. Ni aún así, con todo esto, se quisieron arrepentir. Es decir, vemos en el libro de Apocalipsis que la dureza del corazón del hombre llega a unos extremos que uno dice: "Pero bueno, casi como el faraón". Un hombre que vio los milagros más grandes que jamás haya podido Dios realizar a través de un ser humano, en este caso Moisés en Egipto, y el faraón ni se inmutaba. Aparentemente se arrepentía, a veces pedía oración, pero al día siguiente estaba igual o peor.

- **Las copas de la ira**

Las copas parecen cubrir un periodo muy breve al final de la Tribulación.

1) *"Fue el primero, y derramó su copa sobre la tierra, y vino una úlcera maligna y pestilente sobre los hombres que tenían la marca de la bestia, y que adoraban su imagen"* (Ap. 16:2). La primera copa se derrama sobre la tierra como sucede con la primera trompeta. En este juicio el Señor derrama su ira sobre todos los adoradores de la bestia.

2) *"El segundo ángel derramó su copa sobre el mar, y éste se convirtió en sangre como de muerto; y murió todo ser vivo que había en el mar"* (v. 3). La segunda copa se derrama sobre el mar, de la misma manera que en la segunda trompeta. Este juicio traerá la muerte espiritual, pues vemos que el mar queda sin vida.

3) *"El tercer ángel derramó su copa sobre los ríos, y sobre las fuentes de las aguas, y se convirtieron en sangre. Y oí al ángel de las aguas, que decía: Justo eres tú, oh Señor, el que eres y que eras, el Santo, porque has*

juzgado estas cosas. Por cuanto derramaron la sangre de los santos y de los profetas, también tú les has dado a beber sangre; pues lo merecen. También oí a otro, que desde el altar decía: Ciertamente, Señor Dios Todopoderoso, tus juicios son verdaderos y justos." (v. 4-7). Como sucedió con la tercera trompeta, esta copa se derramará sobre los ríos y las fuentes de aguas. Lo cual simboliza a los que perderán la vida por haber seguido a la bestia.

4) *"El cuarto ángel derramó su copa sobre el sol, al cual fue dado quemar a los hombres con fuego. Y los hombres se quemaron con el gran calor, y blasfemaron el nombre de Dios, que tiene poder sobre estas plagas, y no se arrepintieron para darle gloria" (v. 8-9).* La cuarta copa caerá sobre el sol, este pasaje se refiere a un individuo pues tiene el poder de quemar. Este juicio supondrá un endurecimiento para los seguidores de la bestia.

5) *"El quinto ángel derramó su copa sobre el trono de la bestia; y su reino se cubrió de tinieblas, y mordían de dolor sus lenguas, y blasfemaron contra el Dios del cielo por sus dolores y por sus úlceras, y no se arrepintieron de sus obras" (v. 10-11).* La quinta copa habla de las tinieblas que reinarán en el centro de poder de la bestia, el cual después destruirá el Templo.

6) *"El sexto ángel derramó su copa sobre el gran río Eufrates; y el agua de éste se secó, para que estuviese preparado el camino a los reyes del oriente" (v. 12).* Esta copa preparará el camino para la invasión de los reyes de Oriente, ellos y los ejércitos de la bestia lucharán en "la batalla del Armagedón".

7) *"El séptimo ángel derramó su copa por el aire; y salió una gran voz del templo del cielo, del trono, diciendo: Hecho está. Entonces hubo relámpagos y voces y truenos, y un gran temblor de tierra, un terremoto tan grande, cual no lo hubo jamás desde que los hombres han estado sobre la tierra. Y la gran ciudad fue dividida*

en tres partes, y las ciudades de las naciones cayeron; y la gran Babilonia vino en memoria delante de Dios, para darle el cáliz del vino del ardor de su ira. Y toda isla huyó, y los montes no fueron hallados. Y cayó del cielo sobre los hombres un enorme granizo como del peso de un talento; y los hombres blasfemaron contra Dios por la plaga del granizo; porque su plaga fue sobremanera grande" (v. 17-21). La séptima copa tiene que ver con el gran ardor de la ira de Dios que experimentarán los seres humanos.

Y así podríamos seguir viendo sello tras sello, trompeta tras trompeta, copa tras copa; lo cual es el desarrollo profético de todos los acontecimientos finales.

El libro Apocalipsis es, por así decirlo, el esfuerzo de Dios por quebrantar el orgullo, la soberbia de las naciones, el orgullo del hombre; y llevarlo rendido a los pies de Cristo. Y reconocer al Señor, así como los hechiceros de Egipto, los cuales llegaron a un punto en que dijeron: "Esto es Dedo de Dios, nosotros no podemos con esto" (*cf.* Ex. 8:19). Entonces, se trata de un tiempo tremendo, donde después de un periodo enorme de benevolencia, de misericordia y de gracia, Dios cambia el sistema y comienza a presionar y a tratar a la humanidad de una forma diferente; para llevarlos nada más y nada menos que al arrepentimiento.

Ese es el objetivo de la Gran Tribulación: llevar a las multitudes, al pueblo de Israel; al ser humano, al reconocimiento de Cristo. Y una vez que el hombre reconozca y se humille delante de Dios, pues ya entraría en otro tipo de relación. Pero mientras que su corazón siga endurecido, y tenga la mente entenebrecida, y la conciencia cauterizada... el Señor va a seguir y seguir.

Y les puedo asegurar que habrá muchos que al final terminarán convirtiéndose y reconociendo que Jesús es el Mesías.

Por lo tanto, vemos que el libro del Apocalipsis es cronológico, va contando de una forma progresiva o escalonada, poco a poco, cada uno de los juicios que irán ocurriendo. Entonces, usted puede decir: "Bueno, aquí hay muchas guerras; matanzas; hay mucha gente que muere; hay cataclismos, etc.". Pero, ¿se dan cuenta como la primera parte de la Gran Tribulación no es una cosa que nos tenga que dejar con la boca abierta? En el sentido de decir: "¡Uy! Esto nunca había ocurrido".

Es cierto que en la Segunda Guerra Mundial se calcula que murieron más de sesenta millones de personas, lo cual es una barbaridad para la población que había en aquel tiempo. Siempre ha habido tsunamis, guerras, terremotos, huracanes, etc., lo que pasa es que se van a incrementar. Pero la Biblia dice que es como "los dolores de parto", los cuales van en aumento hasta que definitivamente nace la criatura. La Biblia afirma que esto es "el principio de dolores". Y lo que el Señor quiere es llevar a la gente a un momento en el que diga: "Vamos a humillarnos, arrepentirnos y reconocer a Cristo antes de que sea demasiado tarde".

Sigamos estudiando la Palabra y pidiéndole al Señor que nos dé mucha sabiduría para poder retener toda esta información. Y creo que también es muy interesante, oír explicaciones diferentes a las que nos han enseñado o nos han dicho a lo largo de los años. Sinceramente pienso que a veces es bueno contrastar enseñanzas, u otras opiniones. Y así, de esta manera, podemos enriquecer nuestro conocimiento bíblico.

Capítulo 5: Las siete iglesias del Apocalipsis

Primeramente, veamos los nombres y el mapa de las siete iglesias[21]: Éfeso (Apostólica), Esmirna (Perseguida), Pérgamo (Indulgente), Tiatira (Pagana), Sardis (Muerta), Filadelfia (Restaurada) y Laodicea (Apóstata y tibia).

Estas siete iglesias se encontraban en lo que hoy en día sería el territorio de Turquía, en Asia Menor. El estudio de cada una de estas iglesias es muy interesante, y a lo largo de este capítulo veremos cada una de ellas.

---

[21] Mapa de las siete Iglesias mencionadas por Jesucristo en Apocalipsis 2 y 3 (obra de Kelly Cunningham).

Previamente al análisis que voy a describir, es necesario que lea los capítulos 2 y 3 de Apocalipsis.

Allí usted podrá ver el problema de cada una de ellas, la solución que el Señor les da, las consecuencias si no dejaban de lado sus pecados (su desobediencia y su apostasía), y la recompensa que les ofrecía a cada una.

Independientemente de que eran más de siete iglesias las que existían en la época en la que se escribió el libro del Apocalipsis, las situaciones que fueron descritas eran reales.

Aunque había muchas más iglesias, de hecho, el Nuevo Testamento habla acerca de la iglesia de Corinto (la cual no se menciona aquí); la iglesia de Tesalónica; la iglesia de Roma; la iglesia de los Colosenses, etc.

Estas iglesias se escogieron con varios propósitos. Fundamentalmente, porque el Señor tenía algo muy directo que decirles a estas congregaciones, con el fin de suplir sus necesidades de entonces e instruirlos en la verdad de Dios.

Muchos han especulado sobre por qué el Señor escogió solamente a estas siete iglesias y no escogió a otras, o a más. Algunos comentaristas afirman que cada una de estas iglesias pueden representar, en cierto sentido, la trayectoria de la Iglesia a lo largo de la historia. Por lo tanto, el libro de Apocalipsis nos está describiendo acerca de las cosas pasadas, presentes y futuras que viviría la Iglesia.

Cabe destacar, que el periodo de tiempo cubierto por estos capítulos, está esencialmente relacionado con el periodo del capítulo 13 de Mateo.

Uno de los aspectos más sobresalientes de las cartas es la forma personalizada como Jesús se presenta a cada iglesia, porque no se presenta a ninguna iglesia de la misma forma.

1. En primer lugar, veamos la iglesia de Éfeso (Apostólica), que va desde el año 30 (o desde su nacimiento en el día de Pentecostés), hasta el año 100 d. C. aproximadamente. Curiosamente, la iglesia de Éfeso es la única en la que se hace referencia o se menciona el tema de los apóstoles.

Después, ese término de "apóstoles", no se menciona en ninguna otra iglesia. Por eso algunos consideran que representa en cierto sentido a la primera Iglesia; la Iglesia que nace en Jerusalén; la Iglesia primitiva, donde estaban con vida los apóstoles. Así que, digamos que la iglesia de Éfeso podría representar esa primera etapa o esa primera Iglesia.

2. La segunda iglesia, la iglesia de Esmirna (Perseguida), es la iglesia que iría desde el año 100, hasta aproximadamente el 312 d. C. Se trata de la época donde hubo terribles persecuciones. Cantidad de emperadores romanos se dedicaron sistemáticamente a intentar destruir a la Iglesia persiguiendo a los cristianos, fue una etapa terrible.

3. La siguiente iglesia, la iglesia de Pérgamo, es una iglesia indulgente; tolerante. Una iglesia que comenzó a corromperse internamente y a darle lugar a doctrinas o ideas muy extrañas. Por ese motivo, en la iglesia de Pérgamo, la "indulgente" (que va desde el 312, hasta aproximadamente el 606 después de Cristo), es donde comienza el declive de la Iglesia. Se trata del momento en que la iglesia comenzó a "casarse" con el Estado. De hecho, un emperador romano llamado Constantino, hizo que el cristianismo fuera la religión oficial del Estado. Ahí es donde comienza la compra de cargos, a meterse los ritos y las ceremonias de antiguos cultos dentro del seno de la iglesia, etc. Por lo tanto, esta iglesia, ya a estas alturas no era ni la sombra de lo que fue en un principio cuando nació.

4. La iglesia de Tiatira (Pagana), es una etapa de la iglesia totalmente paganizada. La cual se introdujo en el mundo, prácticamente no había ninguna diferencia. Sin embargo, siempre ha habido un remanente de cristianos que se han mantenido fieles al Señor. Así como en la época del profeta Elías, quien le dijo al Señor: "Me siento solo, estoy solo, no me apoya nadie".

Y el Señor le respondió: "Hay 7 000 que no han doblado sus rodillas ante Baal"[23]. Así que siempre ha habido un remanente fiel que se ha mantenido fiel al Señor; a la Palabra; a la verdad. Pero fundamentalmente, la característica de esta etapa es que la Iglesia estaba metida en el paganismo total y absoluto.

5. Después de esto, evidentemente hubo una etapa en que la Iglesia estaba prácticamente muerta. A la iglesia de Sardis (Muerta), el Señor le dice: "Tienes nombre de que vives, pero estás muerta" (*cf.* Ap. 3:1). Se trata de un periodo tenebroso. Toda esta etapa, que dura casi por mil años, fue una etapa oscura; una etapa de paganismo; de frialdad espiritual; de falsas doctrinas. Gracias al Señor, hubo un rebrote de la Iglesia. Experimentaron avivamientos que, en cierto sentido, hicieron que la iglesia de Filadelfia (restaurada), entrara en una etapa de restauración. De volver al origen de la Palabra, de volver a la fuente; de apartarse del paganismo; de las falsas doctrinas; del culto a Roma, etc.

6. La iglesia de Filadelfia es la iglesia del "amor fraternal" (la palabra "filadelfia" significa "amor fraternal"). Se trata de una iglesia que volvió otra vez a su principio; al despertamiento; a la espiritualidad; a la búsqueda sincera y genuina de Dios, y de su Palabra.

7. Hoy en día, podríamos decir que nos encontramos en una etapa de la Iglesia, la cual está muy bien representada por la iglesia de Laodicea (Apóstata). Era una iglesia tibia, una iglesia rica. Fue una iglesia que se extendió por todo el mundo, pero que había apostatado en muchos aspectos. Lamentablemente, en muchas congregaciones cristianas de la actualidad se enseñan auténticos disparates, los cuales no tienen ningún fundamento bíblico. Son auténticos circos, lugares donde la gente va a entretenerse;

---

[23] Referencia bíblica: 1º Reyes 19:18.

a pasar el tiempo. E incluso muchos políticos, artistas, y cantantes se congregan allí porque no son confrontados con su vida pecaminosa ni con su vida de desorden. Así que, a esta iglesia el Señor le dijo: *"He aquí, yo estoy a la puerta y llamo; si alguno oye mi voz y abre la puerta, entraré a él, y cenaré con él y él conmigo"* (Ap. 3:20).

En definitiva, las iglesias del Apocalipsis (desde la primera, Éfeso, hasta la última, Laodicea), eran iglesias reales que existían en aquel tiempo; iglesias locales que se encontraban como mencioné anteriormente en la zona de Asia Menor.

Digamos que de Éfeso salieron las demás "hijas", pero Éfeso sería la Iglesia principal (la Iglesia madre fundada por el apóstol Pablo en Hechos capítulo 19)[24]. En esta iglesia estuvieron viviendo por un tiempo el apóstol Juan y la madre de Jesús.

Después de todas estas etapas, vemos que la Iglesia ha entrado en una frialdad en la cual no se diferencia la vida de un cristiano de la de una persona del mundo (que no ha conocido al Señor).

Estamos viviendo una etapa en la que la Iglesia necesita volver otra vez a la fuente, a la realidad de la Palabra; a tener relación con el Señor. A no estar tan interesada en las cosas materiales (que parece que es lo que más les preocupa a muchos cristianos), sino en las cosas del Espíritu.

Leí un libro sobre la biografía de Maimónides, y decía que era un hombre al que le interesaban más las cosas del Cielo, que las que la Tierra. No era un hombre que buscaba la espiritualidad, sino que buscaba el conocimiento de Dios. Y yo creo que la Iglesia debería volver a esa fuente, a la búsqueda sincera de parte

---

[24] En el pasaje de Hechos 19, pueden ver el origen de la Iglesia.

del Señor. Para no estar centrados en el materialismo o la prosperidad (qué coche tiene; qué casa tiene; cómo se viste; etc.). Pues todo eso, al fin y al cabo es efímero y pasajero, y no es lo más importante. A lo que el Señor nos ha llamado es a "buscar el Reino de Dios y su justicia, y todas las demás cosas nos serán añadidas" (*cf.* Mt. 6:33).

Capítulo 6. El dragón, el niño y la mujer

Quiero llevarles a un capítulo extraordinario. Se trata un capítulo un tanto extraño, porque pareciera como que no tiene relación con los demás capítulos; pero sí que la tiene. Veamos qué es lo que nos puede enseñar.

> "Apareció en el cielo una gran señal: una mujer vestida del sol, con la luna debajo de sus pies, y sobre su cabeza una corona de doce estrellas. Y estando encinta, clamaba con dolores de parto, en la angustia del alumbramiento. También apareció otra señal en el cielo: he aquí un gran dragón escarlata, que tenía siete cabezas y diez cuernos, y en sus cabezas siete diademas; y su cola arrastraba la tercera parte de las estrellas del cielo, y las arrojó sobre la tierra. Y el dragón se paró frente a la mujer que estaba para dar a luz, a fin de devorar a su hijo tan pronto como naciese. Y ella dio a luz un hijo varón, que regirá con vara de hierro a todas las naciones; y su hijo fue arrebatado para Dios y para su trono. Y la mujer huyó al desierto, donde tiene lugar preparado por Dios, para que allí la sustenten por mil doscientos sesenta días. Después hubo una gran batalla en el cielo: Miguel y sus ángeles luchaban contra el dragón; y luchaban el dragón y sus ángeles; pero no prevalecieron, ni se halló ya lugar para ellos en el cielo. Y fue lanzado fuera el gran dragón, la serpiente antigua, que se llama diablo y Satanás, el cual engaña al mundo entero; fue arrojado a la tierra, y sus ángeles fueron arrojados con él. Entonces oí una gran voz en el cielo, que decía: Ahora ha venido la salvación, el poder, y el reino de nuestro Dios, y la autoridad de su Cristo; porque ha sido lanzado fuera el acusador de

nuestros hermanos, el que los acusaba delante de nuestro Dios día y noche. Y ellos le han vencido por medio de la sangre del Cordero y de la palabra del testimonio de ellos, y menospreciaron sus vidas hasta la muerte. Por lo cual alegraos, cielos, y los que moráis en ellos. ¡Ay de los moradores de la tierra y del mar! porque el diablo ha descendido a vosotros con gran ira, sabiendo que tiene poco tiempo. Y cuando vio el dragón que había sido arrojado a la tierra, persiguió a la mujer que había dado a luz al hijo varón. Y se le dieron a la mujer las dos alas de la gran águila, para que volase de delante de la serpiente al desierto, a su lugar, donde es sustentada por un tiempo, y tiempos, y la mitad de un tiempo. Y la serpiente arrojó de su boca, tras la mujer, agua como un río, para que fuese arrastrada por el río. Pero la tierra ayudó a la mujer, pues la tierra abrió su boca y tragó el río que el dragón había echado de su boca. Entonces el dragón se llenó de ira contra la mujer; y se fue a hacer guerra contra el resto de la descendencia de ella, los que guardan los mandamientos de Dios y tienen el testimonio de Jesucristo" (Ap. 12:1-17).

Al leer el pasaje uno puede decir: "¿Esto es literal o simbólico?". Lo que está claro, es que está cargado de muchísimos detalles que nos dan mucha información acerca de quién puede ser esta mujer; quién puede ser este hijo; y por supuesto sobre el dragón.

Porque el versículo 9 lo define como la serpiente antigua, que se llama diablo, y Satanás. Por lo tanto, ahí no hay género de duda. No es necesario preguntarse a quién representa el dragón porque la misma Palabra lo dice. Y además dice que: "engaña al mundo entero, y que fue arrojado a la tierra, y sus ángeles también fueron arrojados con él". Tendríamos que remontarnos a antes de Génesis capítulo 1, donde evidentemente Dios también estuvo haciendo y creando cosas. Pero que no se describen en los primeros capítulos de la Biblia, ni siquiera en el libro del Génesis, sino en otros libros como puede ser el libro de Isaías; y también, como no, en el libro de Ezequiel.

I.   EL DRAGÓN

La Biblia nos enseña que el que hoy en día conocemos con el nombre de Satanás, Dios no lo creó como ese enemigo de Dios, malo; perverso; terrible; padre de mentira; etc. sino que lo llamaba "querubín". Era una especie de arcángel espectacular que Dios creó, pero ese ángel o arcángel se rebela contra Dios y quiere desplazarlo de su trono para imponer su dominio; una especie como de golpe de estado. Dios lo arroja de su presencia y lo lanza a la tierra junto con muchos ángeles que los conocemos como demonios. Entonces vemos en este capítulo algo muy importante, y es la realidad del mundo espiritual. Un mundo espiritual que a veces se hace visible, que a veces Dios nos permite ver, pero que la mayoría de las veces es un mundo totalmente invisible a nuestros ojos naturales. Y vemos que el demonio es Satanás, que sus demonios, que sus principados, potestades, gobernadores espirituales de maldad, etc. existen, pero en un nivel, en una dimensión, que nosotros no hemos sido creados con la capacidad de poder ver; sino salvo raras excepciones. Entonces, el tema del dragón está claro, es Satanás. El cual se para delante de una mujer que está a punto de dar a luz y que lo que quiere es destruir, comerse, devorar al niño para que no nazca.

II.   EL NIÑO

Ahora bien, el versículo 1 nos da una información muy interesante. Quiero recordarles que en uno de los sueños que tuvo José, el hijo del patriarca Jacob, él afirma que vio al sol, a la luna y a las estrellas. Y era como que le rendían pleitesía, como que casi se postraban delante de él literalmente. Cuando José cuenta este sueño a su padre, este inmediatamente le dice: "Hijo, ¿qué nos estás contando, que tu padre, tu madre y tus hermanos nos vamos a postrar delante de ti?". Fíjense como el padre sabía que, en ese sueño, el sol lo representaba a él como padre; a la madre, representada por la luna, y a las doce estrellas, las doce tribus de Israel o sus doce hermanos en aquel momento. Por lo tanto, Jacob no tenía duda de que el sol, la luna y las estrellas representaban al padre, a la madre, y a sus hijos. Y esa interpretación de ese sueño nos viene muy bien para definir o para aclarar de quién se trata esta mujer. Es una mujer que está *"vestida de sol, con la luna debajo de sus pies y sobre su cabeza una corona de doce estrellas. Y estando encinta, clamaba con dolores de parto, en la angustia del alumbramiento"* (v. 1-2).

En el capítulo 3, versículo 15 del libro del Génesis, encontramos la primera profecía, la primera información acerca de la venida de un Mesías, es un versículo muy interesante. Una vez que el hombre peca, Dios comienza a hablar con la mujer, a hablar con la serpiente, a hablar con el hombre. Y comienza a dictar sentencia diciéndoles lo que van a sufrir o lo que van a experimentar a partir de ese día de la caída, de la desobediencia: *"Y Jehová Dios dijo a la serpiente: Por cuanto esto hiciste, maldita serás entre todas las bestias y entre todos los animales del campo; sobre tu pecho andarás, y polvo comerás todos los días de tu vida. Y pondré enemistad entre ti y la mujer, y entre tu simiente y la simiente suya; ésta te herirá en la cabeza, y tú le herirás en el calcañar"* (v. 14-15). Esta es la primera información que Satanás oye acerca de la venida de un hijo, de alguien que le va a herir en la cabeza, pero que a su vez él va a poder herir en el calcañar a ese que va a venir, es decir, en el tobillo. A partir de ese momento, Satanás tiene que ponerse, permítame la expresión, las pilas, porque se ha enterado de los mismos labios de Dios que va a venir alguien que le herirá en la cabeza; alguien que le va a hacer mucho daño.

Entonces, digamos que se pone en marcha todo el proceso de la restauración del hombre a través de un Mesías, a través de un Hijo que iba a redimir a la raza humana derramando su sangre y pagando con ese sacrificio el precio de los pecados. Eso no sería de inmediato. Desde que se dio esa palabra hasta que nació ese niño, que no es otro que nuestro Señor Jesucristo, hay todo un largo proceso y siglos de historia donde podemos a ver a Satanás intentando impedir que ese niño nazca.

Es curioso notar que las esposas de los tres patriarcas (de Abraham, de Isaac y de Jacob), las tres eran estériles. Sara era estéril hasta que Dios le abrió la matriz y pudo tener un hijo que fue Isaac. Cuando Isaac se casa con Rebeca, su esposa también era estéril. Y él le dijo que tenía que orar y Dios la sanó. Y finalmente uno de sus hijos llamado Jacob se casa y se da cuenta de que una de sus esposas, en este caso Raquel, también era estéril. Esto es algo extraño, aquí está sucediendo algo, no es normal que en tres generaciones seguidas las mujeres sean estériles.

Por lo tanto, vemos la acción del diablo tratando de impedir que se cumpla la promesa. Como esta estrategia no le funcionó, si vamos a Egipto, encontramos que un día al faraón se le ocurre algo. En el intento de destruir esa simiente o que ese niño nazca, el diablo utilizó a Herodes poniéndole en el corazón que emitiera un edicto que mandara matar a todos los niños[25]. A los niños, no a las niñas, porque Satanás sabía que el Mesías vendría en forma de varón, no en forma de niña. Así que murieron muchos niños en el río Nilo. Pero sabemos que el Señor protegió de una forma sobrenatural a Moisés.

Es interesante, a lo largo de toda la historia (desde Génesis 3:15 hasta que nace el Señor Jesucristo), ver todos los intentos y estratagemas del diablo para impedir que el niño naciera. Fíjense incluso que cuando el mismo Señor Jesucristo nació, volvió a poner nuevamente en el corazón de Herodes que volviera a matar los niños. Pero dice la Biblia que el Señor le reveló a José que tenía que huir a Egipto, y así el niño Jesús se salvó. Por lo tanto, vemos que este es un capítulo que nos describe el intento de Satanás por impedir que este niño naciera, el cual, *"regirá con vara de hierro a todas las naciones; y su hijo fue arrebatado para Dios y para su trono"* (Ap. 12:5).

Este niño es nada más y nada menos que el Señor Jesucristo. Así que ya hemos identificado a dos personajes: El dragón, Satanás. Y el niño, el Señor Jesucristo.

III.   LA MUJER

Ahora vamos a definir quién es la mujer. Si habláramos con los católicos, ellos dirían que es María, porque María dio a luz a Jesús; y entonces afirmarían que tiene que ser ella obligatoriamente. Pero claro, es necesario demostrar esa aseveración.

Un dato a tener en cuenta lo encontramos en los versículos 13-17: *"Y cuando vio el dragón que había sido arrojado a la tierra, persiguió a la mujer que había dado a luz al hijo varón. Y se le dieron a la mujer las dos alas de la gran águila, para que volase de delante de la serpiente al desierto, a su lugar, donde es*

____

[25] Referencia bíblica: Mateo 2:16-18.

sustentada por un tiempo, y tiempos, y la mitad de un tiempo. Y la serpiente arrojó de su boca, tras la mujer, agua como un río, para que fuese arrastrada por el río. Pero la tierra ayudó a la mujer, pues la tierra abrió su boca y tragó el río que el dragón había echado de su boca. Entonces el dragón se llenó de ira contra la mujer; y se fue a hacer guerra contra el resto de la descendencia de ella, los que guardan los mandamientos de Dios y tienen el testimonio de Jesucristo".

En esta última parte, vemos que María automáticamente queda descartada, porque cuando Jesús nació, María no tenía hijos antes de Él. El primer hijo que tuvo María fue el Señor Jesucristo. Los católicos dicen que María no tuvo más hijos, y eso es algo rotundamente falso, eso es como para querer darle más importancia de la que la Biblia le da. Dicen que ya no tuvo más hijos, que ella fue virgen toda su vida, etc. pero eso no es lo que dice la Biblia. Eso es falso, rotundamente falso. Eso es una herejía, porque María sí que tuvo más hijos.

Ahora bien, dice que como no pudo matar al niño, el dragón fue a hacer guerra contra el resto de la descendencia de ella. Y ese resto de la descendencia de ella, tiene una característica, dice que "guardaban los mandamientos de Dios, y tienen el testimonio de Jesucristo". Ahí algunos ven al pueblo de Israel, y algunos ven a la Iglesia, a los que han aceptado a Cristo y que en ese momento ya creían en el Señor. Bueno, hay diferentes opiniones. Pero lo que sí quiero que tengamos bien claro es que la mujer no es la Iglesia, como algunos han dicho, porque la Iglesia no da a luz a Cristo. Hay otros que dicen que esta mujer representa a la religión, a la iglesia muerta, a la iglesia religiosa. Eso es totalmente falso, porque una iglesia muerta, una iglesia religiosa, no dio a luz a Cristo. Además, la Iglesia no dio a luz a Cristo, al contrario, Cristo fue el fundador; dijo: "Yo edificaré mi iglesia" (*cf.* (Mt. 16:18). Si no es la Iglesia, y no puede ser María por el versículo que acabamos de leer, entonces si o si esta mujer se trata del pueblo de Israel; el pueblo que recibe la promesa. Digamos que queda embarazada de esa promesa maravillosa de redención de la raza humana a través del Hijo que va a dar a luz, el cual es nada más y nada menos que el Señor Jesucristo.

No nos olvidemos que el Señor, a la mujer samaritana, en Juan capítulo 4, le dice que la salvación viene de los judíos. Entonces Israel fue el que recibió la bendición de tener una tribu que era la tribu de Judá, a través de la cual viene el Mesías, y a través del Mesías viene la redención a toda la raza humana.

Así que la mujer es Israel, el niño es el Señor Jesucristo, y el dragón es Satanás. Se trata de un capítulo que está en medio de dos capítulos muy interesantes (como el 11 de los dos testigos y el 13 de las dos bestias). Y sirve para mostrarnos los conflictos por los cuales tuvo que pasar el pueblo de Israel para que pudiera llegar a nacer el Señor Jesucristo; lo cual no fue nada fácil. Además, dice que el niño "regirá a las naciones con vara de hierro".

A continuación, quiero llevarles a Lucas. Allí vemos que la madre de Jesús recibe una visita muy interesante que es la del arcángel Gabriel. Este arcángel, que ya había aparecido en el libro de Daniel, en el Antiguo Testamento se le aparece a María. Y, concretamente, en el capítulo 1 de Lucas, versículos 26 y 27: *"Al sexto mes el ángel Gabriel fue enviado por Dios a una ciudad de Galilea, llamada Nazaret, a una virgen desposada con un varón que se llamaba José, de la casa de David; y el nombre de la virgen era María"*. Es decir, es imposible que el ángel Gabriel tocara en la puerta de otra persona con todos los datos que le estaba dando. *"Y entrando el ángel en donde ella estaba, dijo: ¡Salve, muy favorecida! El Señor es contigo; bendita tú entre las mujeres. Mas ella, cuando le vio, se turbó por sus palabras, y pensaba qué salutación sería esta"* (v. 28). Fíjense que es curioso porque cuando Daniel ve al ángel Gabriel, él estaba postrado en tierra, el hombre estaba muerto de miedo. Sin embargo, a esta mujer lo que más le preocupa es la forma como la ha saludado el ángel. No cae al suelo, no se asusta, sino que ella dice: "¡Uy! ¿Por qué me saludó así? ¿Por qué me dice: el Señor está contigo, bendita seas tú entre todas las mujeres?".

Después, fíjense en lo que le dice el ángel Gabriel. Le da un "paquete", digamos profético, que contiene una serie de profecías, las cuales vamos a estudiar: *"Y ahora, concebirás en tu vientre, y darás a luz un hijo"* (v. 31a). La cual se cumplió totalmente porque quedó embarazada y dio a luz a un hijo. Perfecto, tal como lo dice Apocalipsis 12.

"Y llamarás su nombre JESÚS" (v. 31b). Totalmente cumplida, porque ese fue el nombre que le pusieron sus padres.

"Este será grande" (v. 32a). Cuarta: *"Será llamado Hijo del Altísimo"* (v. 32b). También se cumplió, porque fue llamado así en alguna ocasión.

"Y el Señor Dios le dará el trono de David su padre" (v. 32c). Esta no se cumplió, Jesús no tuvo un trono. Cuando Jesús estuvo en este mundo, no vino como rey sino como siervo sufriente. Según la profecía de Isaías 53, Él no tuvo un trono, pero se le promete uno: el trono de David su padre. El Señor le había hecho la promesa a David, de que nunca faltaría un hijo varón que se sentara en su trono. Recuerden la pregunta que los discípulos le hacen en el momento antes de la ascensión de Cristo: "¿Restaurarás el Reino a Israel antes de que tú vengas? ¿En este tiempo?". Es decir, ellos sabían que el Mesías tiene que reinar, porque era la promesa que se le dijo al rey David. Entonces, reinará sobre el trono de David su padre; reinará sobre la casa de Israel, de Jacob, para siempre. Cosa que no ocurrió en su primera venida. Y su Reino no tendrá fin, a diferencia de los otros reinos que se levantaron y cayeron como el babilónico, el medo-persa; el griego; y el romano. El Reino de Cristo será un reino eterno.

Entonces María le dijo al ángel: "¿Cómo será?" (*cf.* v. 34). Esto es algo tremendo, lo que está recibiendo esta mujer aquí es impresionante. "Porque yo no conozco a varón, yo estoy comprometida, aún no estoy casada". Y el ángel le dice: *"El Espíritu Santo vendrá sobre ti, y el poder del Altísimo te cubrirá con su sombra; por lo cual también el Santo Ser que nacerá, será llamado Hijo de Dios"* (v. 35). Es algo significativo ver que aquí se le llama Hijo de Dios, y el versículo 32 dice que David es su padre. Porque por parte física David era su padre, en el sentido de que era un antepasado de Él.

Jesús descendiente de la casa de David, por lo tanto, de la tribu de Judá. Pero al mismo tiempo, es el Hijo de Dios, con las dos naturalezas: la humana y la divina. Las cuales se unen en la persona del Señor Jesucristo.

Después, le da un dato muy interesante, y le dice: *"Tu parienta Elisabet, ella también ha concebido hijo en su vejez; y este es el sexto mes para ella, la que llamaban estéril; porque nada hay imposible para Dios. Entonces María dijo: He aquí la sierva del Señor; hágase conmigo conforme a tu palabra. Y el ángel se fue de su presencia"* (v. 36-38).

Es decir, que de las profecías que recibe aquí esta mujer, hay algunas que se han cumplido en su primera venida; y otras que están por cumplirse en su segunda venida. En uno de los siguientes capítulos, cuando hablemos del Milenio, vamos a ver cómo Cristo reinará en la era milenaria y se cumplirán las profecías que no se han cumplido en su primera venida; las cuales encontramos aquí en Lucas 1.

IV.   EL CUMPLIMIENTO DE LA PROFECÍA

Para volver otra vez al capítulo 12 de Apocalipsis, vemos que parte del capítulo se ha cumplido y parte del capítulo no se ha cumplido. Hay una parte muy interesante, que dice que, si la mujer es Israel, y hemos visto que es Israel, huye al desierto por "tiempo, tiempos y la mitad de un tiempo" para huir de las persecuciones; para huir del diablo, del dragón. Israel no solamente ha sido perseguido en el pasado, antes de que naciera el Mesías, sino que en los últimos tiempos volverá a ser perseguido. Pero en esta ocasión, dice que huye al desierto, y allí es sustentado por tres años y medio. Hay una parte de la Tribulación donde Israel huye al desierto, y allí dice que es sustentado. Y allí ocurre algo muy interesante porque dice que comienza a ser sustentado, a ser cuidado durante tres años y medio, y allí brotan aguas. Este hecho probablemente esté haciendo referencia al desierto del Néguev, donde de vez en cuando milagrosamente, sin que todavía nadie se lo explique, el desierto se abre y comienzan a salir borbotones de agua y se convierten en ríos tremendamente caudalosos en medio del desierto. Parece como que Israel, durante una etapa de la Tribulación (tiempo, tiempos y la mitad del tiempo, que es lo mismo que decir tres años y medio), huye a una parte del desierto donde milagrosamente es protegido de la ira del dragón.

Así que estos son datos a tener en cuenta, porque no cabe la menor duda de que hay una parte que se ha cumplido, pero hay una parte que todavía queda por cumplir. Israel ha sido perseguido siempre: antes, durante y después. Hasta que por fin venga el Señor y reine sobre la casa de Israel para siempre, y su Reino nunca más volverá a tener fin. Por ese motivo quise hablar de este capítulo, para que cuando ustedes lo lean a partir de ahora sepan interpretarlo correctamente. Y sepan que esta mujer no es ni María, ni la Iglesia, ni es una institución humana. Sino que se trata del pueblo de Israel, el cual recibe la promesa del nacimiento de un Mesías. Y a partir de ese momento, Israel entra en un periodo como de alumbramiento, de angustia; de persecuciones; de calamidades; de tragedia. Hasta que por fin nace el Señor Jesucristo, el niño, y se cumple el plan de la redención del hombre.

En el libro del Apocalipsis se da una paradoja muy interesante, hay 404 versículos, de los cuales 278 son referencias al Antiguo Testamento. Es decir, es el libro del Nuevo Testamento que más citas hace del Antiguo Testamento. En el libro de Apocalipsis vemos la culminación del plan de Dios, el cual ha sido progresivo. La revelación profética de Dios no ha sido de golpe, instantánea, sino que a lo largo de la historia de los tiempos Dios ha ido revelando muchos detalles a través de sus siervos los profetas (de Miqueas, de Isaías, de Jeremías, etc.).

Pero finalmente, el clímax del plan de Dios se cumple en el libro de Apocalipsis. En el cual hay 278 referencias al Antiguo Testamento, porque fundamentalmente este libro fue escrito para dar información y, mayoritariamente, las congregaciones estaban compuestas por una membresía de origen judío. Por supuesto, después el cristianismo se ampliaría a todas las naciones, como hasta el día de hoy.

Pero la mayoría de los que se convertían en los primeros tiempos, eran judíos. Después Pablo comienza su ministerio itinerante, y se convierten personas de otras naciones de origen pagano que se injertaron en la vida de la Iglesia.

En la Biblia encontramos varias expresiones como "judíos", "gentiles", e "inconversos", y hay que saber definir de quién se trata. Dios tiene un solo pueblo que está formado por todas las naciones, tribus y lenguas de todas partes del mundo. Evidentemente, Dios no le va a pedir el pasaporte. Cuando muera, aunque sea judío, si no ha aceptado a Cristo perecerá igualmente. Es decir, el judío también necesita aceptar y reconocer a Cristo, al Mesías, "porque es el camino, es la verdad, y es la vida; y nadie va al Padre sino solamente a través de Él" (*cf.* Jn. 14:6). Es el medio de salvación, no hay otro Mediador, no hay otro Intercesor entre Dios y los hombres más que Jesucristo. "No hay otro nombre bajo el Cielo dado a los hombres más que el de a través de Cristo para que uno pueda ser salvo" (*cf.* Hch. 4:12). Pero no cabe la menor duda de que cuando uno mira a Cristo, viene con su identidad nacional: Uno es dominicano, otro cubano; otro argentino; el otro es judío... Entonces dice Pablo: "¿Y qué ventaja entonces tiene uno sobre el griego? Cuando se habla del griego se refiere a todo el mundo gentil.

En el concepto griego, entran todos los gentiles. Y el judío, tiene muchas ventajas. Primero, porque la mayoría de ellos han sido criados desde su más tierna infancia en la Palabra. Y la mayoría de la gente que no ha sido instruida en la Palabra, pues han sido criados, por ejemplo, en el ateísmo; en el materialismo; o en otras ideas. El judío fue el portador de la Palabra, pues estudia la Biblia como una asignatura más en la escuela. Porque la historia del pueblo de Israel está ligada sí o sí, creas o no, a la historia de la Biblia. Si usted les pregunta de dónde vienen, dicen: "venimos de nuestro padre Abraham, el cual se casó con Sara;

tuvieron a Isaac; Isaac tuvo a Jacob; Jacob tuvo a las doce tribus de Israel; etc.

La historia bíblica es la historia del pueblo de Israel. En cuanto a nuestra historia, se menciona al Emperador Simón Bolívar; a éste o a aquel personaje, etc. Pero la historia del pueblo de Israel está totalmente ligada a la historia de la Biblia, entonces tienen una serie de ventajas porque para ellos la Biblia no es un libro desconocido. Las fiestas y los profetas, para ellos es el pan nuestro de cada día. Pero eso no significa que, por tener ese privilegio, o ese conocimiento, o el haber sido escogidos como el instrumento para que a través de ellos viniera el Mesías, ya son los mejores del mundo. Necesitan exactamente lo mismo que cualquier otro que no es judío: convertirse y entregarse a Cristo. Cuando muchos de ellos se conviertan, tendrán un conocimiento bíblico, que el que empieza o el que no ha sido criado en la Palabra, no tiene. Ellos celebran la fiesta de la Pascua, tal y como dice la Biblia; la fiesta de los Tabernáculos; la fiesta del *yom kipur*. En fin, tantas celebraciones que son de origen bíblico, que el que no ha sido criado en esa cultura las ignora y tiene que empezar de cero. Y además tienen la ventaja de que pueden leer la Biblia en su idioma original, lo cual es otra ventaja más añadida.

Así que, el libro de Apocalipsis, como dije al principio, es un libro que se escribió para aclarar, no para confundir. Se trata de un libro escrito con la intencionalidad de que el creyente tuviera una esperanza, y supiera en todo momento dónde se encuentra y qué señales tiene que ver. Muchas personas se preguntan en qué momento nos encontramos, en qué sello o en qué trompeta. Pero no es cuestión de saber en qué sello, o en qué trompeta nos encontramos; sino que yo definiría los tiempos previos antes de que todo esto explote como los dolores de parto. La Biblia dice que este es el principio del fin.

Cuando una mujer empieza a tener dolores de parto ya no hay marcha atrás, no lo digo por experiencia sino desde la más absoluta teoría. Pero cuando una mujer rompe aguas y empieza a quejarse por los dolores, significa que el bebé ya va a nacer. La tierra ha entrado en dolores de parto desde hace mucho tiempo. Los terremotos se van a incrementar, los virus; las plagas; las epidemias...

Y todo esto es el principio de dolores que menciona la Biblia, hasta que todo esto nos lleve a una etapa de la historia muy fuerte. La cual conocemos como "la Gran Tribulación", donde hay diferentes posturas sobre si seremos arrebatados antes, durante, o después de ella.

Y bueno, por ahí han surgido infinidad de teólogos que se han puesto en contacto conmigo y me dan todo tipo de argumentos. Yo respeto y pido el mismo respeto para los que a lo mejor tenemos una opinión diferente. Lo que es evidente, es que los últimos tiempos no van a ser tiempos fáciles para nadie.

Quiero darles un dato de algo que ocurrió hace relativamente poco tiempo en una iglesia, en el país de Burkina Faso, el día 17 de febrero de 2020. En esta iglesia evangélica o protestante, asesinaron (incluido al pastor) a veinticuatro miembros de la congregación. Y se llevaron a no sé cuántas personas secuestradas. Es decir, para los hermanos o las personas que dicen que bajo ningún concepto los cristianos pasaremos por ningún tipo de penuria; de persecuciones; de muertes... pues a estos hermanos nuestros los mataron en pleno culto. Y solamente Dios sabe lo que va a ocurrir con los hermanos que fueron secuestrados. Los que han sido asesinados, ahora están en la presencia del Señor porque han muerto como mártires por la causa del Evangelio. Y tendrán una gran recompensa delante del Señor, porque han muerto por la causa de Cristo. Así que no me vengan con el cuento de que la Iglesia va a ser arrebatada cuando empiecen las persecuciones y matanzas, porque es que ya han empezado.

El Ministerio internacional "Puertas Abiertas", es un ministerio que actualiza continuamente la situación de la iglesia perseguida; de cuántos hermanos están encarcelados; de cuántos pastores han matado en las persecuciones, etc.

Por lo tanto, hay hermanos que están muriendo por la causa de Cristo, y ya van cuatro mil entre el año pasado y este. Díganle a esos hermanos que antes de que los maten, y antes de que vengan las persecuciones terribles, la Iglesia va a ser arrebatada.

No van a poder creerlo, porque ellos están dando su vida y derramando su sangre por la causa de Cristo. Así que no nos confundamos, el Señor no prometió que no sufriríamos persecuciones. Es más, el Señor dijo: "Todo aquel que quiera vivir piadosamente de una manera u otra sufrirá persecución" (*cf.* 2 Tim. 3:12).

Las persecuciones siempre han caracterizado al cristianismo, de una manera u otra hay una persecución contra los cristianos en Europa. Lo que pasa es que tal vez no es como la de estos hermanos que les acabo de contar de Burkina Faso, pero hay una persecución en los colegios, hay una persecución camuflada o disfrazada de cultura; disfrazada de educación. Y que está tratando de destruir los principios morales y espirituales que tenemos los cristianos basados en la Palabra de Dios. Entonces, no nos engañemos y no nos confundamos creyendo que a nosotros los cristianos no nos va a pasar nada malo. A nosotros nos va a pasar lo que Dios quiera que pase, sea persecución; sea tortura; sea cárcel; sea una muerte tranquila; sea una muerte en un accidente. Nos va a ocurrir lo que Dios quiera que nos ocurra, ni más ni menos. Y si el Señor ha establecido que unos mueran como mártires, y que otros mueran de vejez; y que otros mueran de un infarto; o que otros mueran de repente, bueno, pues gloria a Dios. Pero sea como sea, velemos y oremos para que estas cosas no nos sorprendan.

El apóstol Pedro decía: "Hermanos no os sorprendáis, no sé por qué están asombrados o están asustados del fuego de las pruebas que os ha sobrevenido como si alguna cosa extraña os aconteciese" (*cf.* 1 Pe. 4:12). Como diciendo: "¿Ustedes qué se creen? Nosotros los cristianos vamos a ser perseguidos siempre, entonces no se sorprendan". El delito por el que seremos perseguidos y asesinados es porque vamos a contracorriente, y porque el diablo odia a la Iglesia. Hemos visto en este capítulo que intentó destruir a Israel, y todo lo que sea de Dios lo quiere destruir; todo lo que es objeto de culto lo quiere destruir.

Entonces estemos orando, reforzándonos en el Señor cada día, para que estemos firmes y que venga lo que venga podamos dar un fiel testimonio de Jesucristo.

Para finalizar este capítulo, me gustaría que me acompañe en una oración al Señor: "Padre celestial, te damos muchísimas gracias por el estudio de tu Palabra, por la fortaleza que nos dan las promesas de la Biblia; por la presencia de tu Espíritu Santo en nuestros corazones. Quiero orar de una forma especial por nuestros hermanos que han sido atacados, que han sido secuestrados por esas personas que entraron violentamente y han matado a tantos hermanos nuestros en esa iglesia de Burkina Faso. Te pido Señor que cuides a nuestros hermanos, que les des una fortaleza sobrenatural; que les ayudes en los momentos de humillaciones; o de vejaciones; o de cualquier otra cosa. Que pronto sean puestos en libertad, y que si tú has permitido que sean secuestrados y algunos de ellos que mueran por tu causa, que no nieguen tu fe y que sean fuertes hasta el último momento; fieles hasta la muerte. Guarda a tu Iglesia en África; guarda a tu Iglesia en Europa; guarda a tu Iglesia en el mundo entero. Y que velemos y oremos Señor, porque los tiempos finales serán tiempos difíciles; tiempos peligrosos. Pero tu fortaleza será mayor, y nos acogemos a Ti y a tu Palabra sabiendo que Tú nunca nos vas a abandonar; sino que tu Palabra siempre estará a nuestro lado. Y tu consuelo, tu aliento y tu ánimo siempre estarán en nuestros corazones. Ayúdanos Padre a estar firmes en la fe hasta el fin. En el nombre de tu amado Hijo Jesús, amén".

Que el Señor les bendiga hermanos que me leen.

Capítulo 7: Los dos testigos, el anticristo y el falso profeta

El libro de Apocalipsis tiene un lenguaje único que no se utiliza en ningún otro libro del Nuevo Testamento. En mi opinión, yo creo que a estas alturas, el tema de los cuernos, los caballos, los colores, etc. ya no debería resultarnos tan extraño. Hemos visto muchísimas cosas, yo creo que todas ellas interesantes. Por supuesto, algunas de ellas digamos que son entre comillas "polémicas", porque seguramente para muchos de los que están leyendo este libro, puede que sea la primera vez en su vida que escuchan ciertas y determinadas explicaciones. Sin embargo, también creo que es bueno a veces escuchar opiniones e interpretaciones de algunos textos de la Biblia que no todo el mundo interpreta de la misma manera. Pienso que es enriquecedor para nuestras vidas el escuchar opiniones de otras personas, otros comentaristas; otros hermanos; etc. Ya que, a lo largo de la historia, no todos los cristianos han opinado de la misma manera sobre un mismo pasaje o acontecimiento. Y creo firmemente que es bueno conocer las distintas posturas y opiniones que existen.

I.   LOS DOS TESTIGOS

Vamos a comenzar leyendo el capítulo 11 del libro de Apocalipsis, el cual es el capítulo de los dos testigos.

> "Entonces me fue dada una caña semejante a una vara de medir, y se me dijo: Levántate, y mide el templo de Dios, y el altar, y a los que adoran en él. Pero el patio que está fuera del templo déjalo aparte, y no lo midas, porque ha sido entregado a los gentiles; y ellos hollarán

la ciudad santa cuarenta y dos meses. Y daré a mis dos testigos que profeticen por mil doscientos sesenta días, vestidos de cilicio. Estos testigos son los dos olivos, y los dos candeleros que están en pie delante del Dios de la tierra. Si alguno quiere dañarlos, sale fuego de la boca de ellos, y devora a sus enemigos; y si alguno quiere hacerles daño, debe morir él de la misma manera. Estos tienen poder para cerrar el cielo, a fin de que no llueva en los días de su profecía; y tienen poder sobre las aguas para convertirlas en sangre, y para herir la tierra con toda plaga, cuantas veces quieran. Cuando hayan acabado su testimonio, la bestia que sube del abismo hará guerra contra ellos, y los vencerá y los matará. Y sus cadáveres estarán en la plaza de la grande ciudad que en sentido espiritual se llama Sodoma y Egipto, donde también nuestro Señor fue crucificado. Y los de los pueblos, tribus, lenguas y naciones verán sus cadáveres por tres días y medio, y no permitirán que sean sepultados. Y los moradores de la tierra se regocijarán sobre ellos y se alegrarán, y se enviarán regalos unos a otros; porque estos dos profetas habían atormentado a los moradores de la tierra. Pero después de tres días y medio entró en ellos el espíritu de vida enviado por Dios, y se levantaron sobre sus pies, y cayó gran temor sobre los que los vieron. Y oyeron una gran voz del cielo, que les decía: Subid acá. Y subieron al cielo en una nube; y sus enemigos los vieron. En aquella hora hubo un gran terremoto, y la décima parte de la ciudad se derrumbó, y por el terremoto murieron en número de siete mil hombres; y los demás se aterrorizaron, y dieron gloria al Dios del cielo. El segundo ay pasó; he aquí, el tercer ay viene pronto" (Ap. 11:1-14).

En este capítulo, donde se nos habla de estos dos testigos, el versículo 4 dice: *"Estos testigos son los dos olivos, y los dos candeleros que están en pie delante del Dios de la tierra".*

Aquí aparece una referencia a Zacarías capítulo 4, versículo 3. Leámoslo, ya que de esta manera obtendremos toda la información bíblica acerca de estos personajes tan interesantes.

"Y junto a él dos olivos, el uno a la derecha del depósito, y el otro a su izquierda. Proseguí y hablé, diciendo a aquel ángel que hablaba conmigo: ¿Qué es esto, señor mío? Y el ángel que hablaba conmigo respondió y me dijo: ¿No sabes qué es esto? Y dije: No, señor mío. Entonces respondió y me habló diciendo: Esta es palabra de Jehová a Zorobabel, que dice: No con ejército, ni con fuerza, sino con mi Espíritu, ha dicho Jehová de los ejércitos. ¿Quién eres tú, oh gran monte? Delante de Zorobabel serás reducido a llanura; él sacará la primera piedra con aclamaciones de: Gracia, gracia a ella. Vino palabra de Jehová a mí, diciendo: Las manos de Zorobabel echarán el cimiento de esta casa, y sus manos la acabarán; y conocerás que Jehová de los ejércitos me envió a vosotros. Porque los que menospreciaron el día de las pequeñeces se alegrarán, y verán la plomada en la mano de Zorobabel. Estos siete son los ojos de Jehová, que recorren toda la tierra. Hablé más, y le dije: ¿Qué significan estos dos olivos a la derecha del candelabro y a su izquierda? Hablé aún de nuevo, y le dije: ¿Qué significan las dos ramas de olivo que por medio de dos tubos de oro vierten de sí aceite como oro? Y me respondió diciendo: ¿No sabes qué es esto? Y dije: Señor mío, no. Y él dijo: Estos son los dos ungidos que están delante del Señor de toda la tierra" (v. 3-14).

Sobre este tema, respeto la postura de cualquier iglesia y de cualquier denominación, pero yo creo que se trata de dos personas literales, no creo que se trate de algo simbólico.

Aunque hay mucho del lenguaje simbólico que adorna y proporciona información a lo que estas dos personas van a hacer, lo que yo entiendo es que son dos personas que vendrán en los últimos tiempos; en la primera parte de la Gran Tribulación. Dos hombres: no es un hombre y una mujer, no es una pareja; no es un matrimonio. Son dos hombres que vendrán y dice aquí que estarán durante 42 meses, es decir, 1260 días. Y estarán tres años y medio predicando la Palabra de Dios.

La cuestión es ¿de quién se trata estas personas? Pero antes de hablar un poquito acerca de la identidad de estos personajes, dice la Biblia que los que quieren hacerles daño no los pueden matar. Es decir, durante tres años y medio los intentan matar, pero no pueden. Sin embargo, dice la Biblia que "son muertos, y sus cadáveres estarán en la plaza de la grande ciudad". Lo cual, en sentido espiritual, fíjense en cómo será la condición espiritual de la ciudad de Jerusalén. Se parecerá a Sodoma y a Gomorra. Y dice que en esta ciudad fue donde nuestro Señor Jesucristo fue crucificado. Entonces, todos sabemos que la ciudad donde el Señor Jesucristo fue crucificado fue la ciudad de Jerusalén. Lo que ocurre es que, espiritualmente, se parecerá a esas ciudades; y todos sabemos cómo eran Sodoma y Gomorra.

Serán asesinados, y durante tres días y medio no van a permitir que sean enterrados.

Lo cual es un agravio y una humillación tremenda en la cultura judía, pues prácticamente al momento se entierra a las personas que pierden la vida. La Biblia los denomina "profetas" porque profetizan y predican la Palabra. Y después dice que después de tres días y medio, el Espíritu de vida procedente de Dios entra en ellos y resucitan. Y automáticamente ascienden en una nube al Cielo, y los enemigos los ven. E instantáneamente, en el momento en el que son resucitados y llevados a la presencia de Dios, se produce un terremoto. Esto curiosamente no ha sucedido todavía, pero la Biblia nos está contando el futuro como algo que ya pasó. Y dice, incluso, que el terremoto que se produce el día que resucitan los dos testigos, hace que siete mil personas pierdan la vida. Los detalles que nos da el Señor acerca de este acontecimiento, de estos dos personajes, son tremendos.

- **Teorías o argumentos**

A lo largo de la historia, se ha especulado mucho sobre quiénes son estas dos personas. Insisto, esto es especular, porque la Biblia no dice de quién se trata. Lo que pasa es que los relacionan con Moisés y Elías, porque hacen cosas muy parecidas a las que ellos hicieron en su momento.

Por ejemplo, leamos el versículo 5: *"Si alguno quiere dañarlos, sale fuego de la boca de ellos, y devora a sus enemigos; y si alguno quiere hacerles daño, debe morir él de la misma manera"*. Hay personas, ejércitos, enemigos, que en un momento determinado quisieron matar al profeta Elías, y dice que cuando iban a prenderlo caía fuego del Cielo (lo cual sucede también aquí).

A parte, en el versículo 6, hay otro dato que se parece mucho al ministerio de Elías: *"Estos tienen poder para cerrar el cielo, a fin de que no llueva en los días de su profecía"*. Tiene poder para cerrar el cielo. Elías cerró el cielo durante tres años y medio para que no lloviera. Tres años y medio igual que los tres años y medio que los dos testigos van a estar predicando en la primera parte de la Gran Tribulación.

Y el versículo 6 termina diciendo: *"Tienen poder sobre las aguas para convertirlas en sangre, y para herir la tierra con toda plaga, cuantas veces quieran".* El que hizo que las plagas se convirtieran en sangre fue el Señor a través de Moisés, y además con otra serie de plagas tremendas. Todas esas plagas se encuentran en el libro del Éxodo, en total fueron diez.

⇨ Decir que son Moisés y Elías, es un argumento que presentan los defensores que afirman que los dos testigos vendrán durante los primeros tres años y medio de la Gran Tribulación. Es cierto que, lo que proporciona la Biblia acerca de estas dos personas, se parece mucho a lo que dice de Moisés y Elías en el Antiguo Testamento.

⇨ Otro argumento que se presenta es que, en el monte de la Transfiguración, cuando Jesucristo subió a orar con Pedro, Jacobo y Juan, aparecieron Moisés y Elías hablando con el Señor. En cierto sentido, diríamos que el representante de los profetas podría ser Elías; y lógicamente, el representante de la ley fue Moisés, porque él la recibió.

⇨ Solamente estoy mencionando los argumentos que presentan los que defienden que son Moisés y Elías. Incluso he leído libros de personas que afirman categóricamente que son Moisés y Elías. Lo cual a mí me parece un disparate porque estamos atreviéndonos a decir lo que no dice la Biblia.

⇨ El siguiente argumento, se encuentra en el libro de Malaquías capítulo 4, del versículo 5 en adelante, donde se menciona el nombre del profeta Elías: *"He aquí, yo os envío el profeta Elías, antes que venga el día de Jehová, grande y terrible. El hará volver el corazón de los padres hacia los hijos, y el corazón de los hijos hacia los padres, no sea que yo venga y hiera la tierra con maldición".* En nuestras biblias, en la Biblia en español, la última palabra del Antiguo Testamento es "maldición". Por ese motivo los judíos no pusieron el libro de Malaquías en el último lugar del Antiguo Testamento, para que no se termine la lectura del Antiguo Testamento pronunciando la palabra "maldición"; sino que pusieron el segundo libro de Crónicas en el lugar de Malaquías.

⇨ Yo quiero recordarles, sobre todo a los que defienden la postura o la opinión de que son Moisés y Elías, que un día nuestro Señor Jesucristo dijo: "El Elías que había de venir ya vino, si queréis recibirlo él era o él es" (*cf.* Mt. 11:14). Y estaba haciendo referencia a Juan el Bautista.

⇨ Sobra decir que los judíos a quien están esperando todavía es al profeta Elías, porque como ellos no tienen el Nuevo Testamento, ellos creen que tiene que venir el profeta Elías primero; antes de que venga el Mesías. Pero en nuestro caso, nosotros no estamos esperando a que venga el profeta Elías porque ya vino en la figura de Juan el Bautista, no es que fuera una reencarnación.

⇨ Quiero dejar bien claro que la Biblia está en contra de la reencarnación. Un versículo que tira por tierra el argumento de la reencarnación es Hebreos 9:27, que dice: "Está establecido por Dios que los hombres mueran una sola vez, y después de esto el Juicio". Entonces, la reencarnación no es bíblica. Así que cuando dice que vendrá el profeta Elías, no se refiere literalmente al profeta Elías. Y, de hecho, el Señor Jesucristo lo explica claramente y no vamos a cuestionar las palabras del Señor Jesucristo. Juan el Bautista cumplió un ministerio de preparación previo a la venida del Mesías, entonces Jesús dijo: "Si queréis recibirlo, si queréis aprender la verdad, el Elías que había de venir era este señor: Juan el Bautista".

⇨ Así que, entonces, nosotros no podemos afirmar (ni lo debemos hacer nunca), que los dos testigos (que son dos personas que vienen a predicar durante la primera parte de la Gran Tribulación), se trata sí o sí de Elías y de Moisés. Es cierto que lo que hicieron estos dos hombres se parece con lo que van a hacer los testigos, pero yo les recuerdo algo: la Biblia dice que Moisés murió y Elías no. La Palabra relata que el Señor arrebató en un carro de fuego al profeta Elías y se lo llevó vivo a su presencia; y el que ocupó su lugar fue el profeta Eliseo. Pero afirma que Moisés murió. Nadie sabía dónde murió porque dice que subió solo al monte y el Señor se encargó de sepultarlo, de esconderlo. Pero si la Biblia dice que está establecido por Dios que los hombres mueran una sola vez, no es posible que Moisés venga y muera otra vez. Así que yo sinceramente estoy totalmente en contra de afirmar categóricamente de que se trata de Moisés y Elías. Primero, porque la Biblia no lo dice. Y, en segundo lugar, porque no hay ningún texto bíblico que avale y apoye esta opinión. Porque sabemos que nosotros tenemos que creer y afirmar cosas que la Biblia diga, no mi parecer o mi postura doctrinal en cuanto a un tema; sino cosas que se enseñan en la Palabra de Dios.

⇨ Otro argumento dice que puede ser Enoc. El cual es un personaje que en el Antiguo Testamento también desapareció, parecido a lo que le pasó al profeta Elías: *"Caminó, pues, Enoc con Dios, y desapareció, porque le llevó Dios"* (Gn. 5:24). La Biblia no dice que Enoc muriera. Por ese motivo hay otras personas que dicen que como Enoc no murió, y como Elías no murió, entonces ya descartamos a la figura de Moisés y los dos testigos son: uno Elías y otro Enoc. Porque como no murieron, pues tienen que venir en la primera parte de la Gran Tribulación y morir. Yo no digo que no puedan ser, no estoy diciendo que no puedan ser ellos, porque es verdad que curiosamente los dos personajes del Antiguo Testamento que no murieron fueron ellos. Pero la Biblia no lo dice. En la carta que tenemos en el Nuevo Testamento llamada la carta a Judas (v. 14-15), Enoc profetizó acerca de la segunda venida del Mesías; del Señor Jesucristo.

Puede ser Enoc o puede ser Elías, pero no podemos afirmarlo con ningún texto de la Biblia. Entonces yo opino que para qué entrar a especular o para qué entrar a afirmar cosas que la Biblia no dice, es mejor no hacerlo. Lo que sí sabemos, es que son dos hombres de carne y hueso que estarán predicando en la primera parte de la Gran Tribulación; que durante tres años y medio intentarán matarles y no podrán con ellos; que finalmente los matarán; que durante tres días y medio no dejarán que los entierren; que finalmente resucitarán; y que se irán a la presencia del Señor. El profeta Zacarías también habla de ellos y los llama "los dos olivos" y "los dos ungidos". Punto. Eso es lo que nos interesa saber y nada más. Es decir, sobre lo que no dice la Biblia, no nos compliquemos la vida y no nos "rompamos la cabeza" con entrar a especular; y a opinar; y sobre todo a afirmar categóricamente cosas que la Biblia no dice. Lo que tenemos que saber es lo que la Biblia dice, y lo que la Biblia no dice lo dejamos en puntos suspensivos; y ya el tiempo nos dirá quiénes eran estas dos personas.

I.   EL ANTICRISTO

El capítulo 12 lo tratamos en el capítulo anterior, dijimos que la mujer era Israel y que el niño era el Señor Jesucristo. Pero hay un dato que vamos a leer en el capítulo 13 del libro de Apocalipsis, que nos va a ayudar mucho a entenderlo. Porque en el capítulo 11:7 dice que, cuando hayan acabado sus testimonios, es decir, cuando ya se aproxime el tiempo de los tres años y medio en el que tenían que haber predicado: la bestia que sube del abismo hará guerra contra ellos, los vencerá, y los matará. La Biblia nos dice quién va a matar a los dos testigos, y es "la bestia que sube del abismo". Por favor, quédense con este dato y leamos el capítulo 13.

"Me paré sobre la arena del mar, y vi subir del mar una bestia que tenía siete cabezas y diez cuernos; y en sus cuernos diez diademas; y sobre sus cabezas, un nombre blasfemo. Y la bestia que vi era semejante a un leopardo, y sus pies como de oso, y su boca como boca de león. Y el dragón le dio su poder y su trono, y grande autoridad. Vi una de sus cabezas como herida de muerte, pero su herida mortal fue sanada; y se maravilló toda la tierra en pos de la bestia, y adoraron al dragón que había dado autoridad a la bestia, y adoraron a la bestia, diciendo: ¿Quién como la bestia, y quién podrá luchar contra ella? También se le dio boca que hablaba grandes cosas y blasfemias; y se le dio autoridad para actuar cuarenta y dos meses. Y abrió su boca en blasfemias contra Dios, para blasfemar de su nombre, de su tabernáculo, y de los que moran en el cielo. Y se le permitió hacer guerra contra los santos, y vencerlos. También se le dio autoridad sobre toda tribu, pueblo, lengua y nación. Y la adoraron todos los moradores de la tierra cuyos nombres no estaban escritos en el libro de la vida del Cordero que fue inmolado desde el principio del mundo. Si alguno tiene oído, oiga" (v. 1-9).

El capítulo 13, está perfectamente dividido en dos secciones. En la primera parte que hemos leído (del versículo 1 al 9), se nos habla de una bestia que sube del mar. Tengan presente que, en el libro del Apocalipsis, cuando se nos habla del mar se refiere: "de entre las naciones", o "de entre los pueblos". Así que, si la primera bestia (de la cual nos habla en el versículo 1) sube del mar, quiere decir que se levanta de entre los pueblos o de entre las naciones. Además, en la segunda parte dice que tiene siete cabezas (a diferencia de la bestia que vimos en el Apocalipsis que tenía una cabeza y diez cuernos). Y tiene siete porque nos encontramos al final de la historia, y cada cabeza representa a un imperio. Ya pasaron los imperios de los egipcios; babilónicos; medos-persas; griegos; etc. Por eso ya se puede contar siete.

Cuando Daniel recibe las revelaciones en Babilonia, mientras estaba allí cautivo, recibe la revelación de una bestia que tiene "una" cabeza. Por eso Juan mira hacia atrás y se da cuenta de que ya hubo siete imperios que precedieron a esta bestia, aunque los diez cuernos siguen siendo los mismos.

En el versículo 2, dice que "es semejante a un leopardo, sus pies como oso y su boca como león". Ahora sabemos perfectamente describir y explicar lo que significan estos tres animales, porque lo vimos y estudiamos anteriormente. El leopardo representaba a Grecia; el oso, los medos persas, y el león, Babilonia. Por lo tanto, es como una mezcla de los imperios que le han precedido. Fíjense que su aspecto es como el de un griego; la forma de actuar, de caminar, de comportarse es como la de un persa; y la forma de hablar es como la de un babilónico. Entonces, claro, en estos momentos, cuando leemos un texto como este, sería bueno leer libros de la historia secular. Analizar cómo eran los griegos, cómo se comportaba un babilónico; cómo vivían los medos-persas. Y con toda esa información extra bíblica, podemos deducir cómo va a ser su personalidad; la forma de operar; la forma de actuar; de desarrollar su política. Porque al fin y al cabo esta primera bestia es el anticristo, que es un político. Entonces, vemos que dice aquí: "Una de sus cabezas fue herida de muerte, pero su herida mortal fue sanada; y se maravilló toda la tierra en pos de la bestia" (v. 3).

Algunos comentaristas opinan que el anticristo experimentará una especie de atentado. Y la gente va a creer que ha muerto, pero no morirá; y se va a correr la voz de que ha resucitado. Por eso dice que "toda la tierra se admira, y terminan adorándolo" (v. 8). El dragón, que sabemos que es Satanás, dice que "le da poder; le da trono; le da autoridad" (v. 2). Es decir, que será una persona con una unción diabólica realmente espectacular. Además, se atreverá a "hablar grandes cosas y blasfemias, porque tendrá autoridad para actuar durante cuarenta y dos meses" (v. 5).

Por lo tanto, estamos viendo que se trata de un personaje de carne y hueso.

Pero el lenguaje con el que nos lo describe, es un lenguaje totalmente simbólico: de animales, etc., que ya conocemos.

Y también dice que "se le permitió hacer guerra contra los santos, y vencerlos" (v. 7). Estos santos pueden ser Israel, o la Iglesia... pero bueno, ahí cada uno puede tener su propia opinión.

Pero lo que dice la Biblia es que se le da poder, se le permite hacer guerras contra los santos y vencerlos. También, que tiene autoridad no solamente para vencer y atacar a los santos, sino sobre todas las tribus, pueblos, lenguas y naciones. Y, al final, como conclusión, todos los moradores de la tierra terminan adorando a este personaje. Como los Césares romanos, que al final terminaban siendo unos ególatras; adorándose a sí mismos y recibiendo adoración de todo el mundo.

II.   EL FALSO PROFETA

Volvamos al dato de Apocalipsis capítulo 11. La bestia que mata a los dos testigos no es ésta, porque Apocalipsis 11:7 dice: *"Cuando hayan acabado su testimonio, la bestia que sube del abismo hará guerra contra ellos, y los vencerá y los matará"*. Y Apocalipsis 13:1 dice que esta bestia sube del mar, por lo tanto, no se trata de ésta.

Leamos el resto del capítulo 13, porque es muy interesante: *"Si alguno lleva en cautividad, va en cautividad; si alguno mata a espada, a espada debe ser muerto. Aquí está la paciencia y la fe de los santos. Después vi otra bestia que subía de la tierra; y tenía dos cuernos semejantes a los de un cordero, pero hablaba como dragón"*(v. 10-11).

Otras versiones dicen: "La bestia que subía del mundo subterráneo" o "la bestia que subía del abismo". Es decir, la procedencia de la primera bestia no es la misma procedencia de la segunda bestia. Además, dice que tiene dos cuernos semejantes a los de un cordero, un animal prácticamente inofensivo. Bonito y tal, pero que habla como un demonio. Es decir, una cosa es lo que ves, y otra cosa es lo que es. Una cosa es la apariencia y otra cosa es como habla.

"Y ejerce toda la autoridad de la primera bestia en presencia de ella, y hace que la tierra y los moradores de ella adoren a la primera bestia, cuya herida mortal fue sanada. También hace grandes señales, de tal manera que aun hace descender fuego del cielo a la tierra delante de los hombres" (v. 12-13). Se trata de una imitación diabólica de milagros que han sucedido en el Antiguo Testamento a través de la vida y el ministerio del profeta Elías; y también de los dos testigos.

"Y engaña a los moradores de la tierra con las señales que se le ha permitido hacer en presencia de la bestia, mandando a los moradores de la tierra que le hagan imagen a la bestia que tiene la herida de espada, y vivió. Y se le permitió infundir aliento a la imagen de la bestia, para que la imagen hablase e hiciese matar a todo el que no la adorase. Y hacía que a todos, pequeños y grandes, ricos y pobres, libres y esclavos, se les pusiese una marca en la mano derecha, o en la frente; y que ninguno pudiese comprar ni vender, sino el que tuviese la marca o el nombre de la bestia, o el número de su nombre. Aquí hay sabiduría. El que tiene entendimiento, cuente el número de la bestia, pues es número de hombre. Y su número es seiscientos sesenta y seis" (v. 14-18). Ya mencioné anteriormente que el valor numérico de las letras se puede sacar por el valor numérico del nombre de esta persona.

El capítulo 13 es muy claro, nos habla de dos personajes a los cuales se les menciona como "la bestia". Una que sube del mar, y otra que sube del mundo subterráneo (de la tierra o del abismo). A las dos se les llama igual: bestia. Pero son dos personas diferentes. ¿Cuál es la diferencia entre una y otra? La primera es el anticristo: el personaje o líder político definido con las características que ya hemos leído. El segundo, podríamos decir que es el encargado de lo espiritual o de lo religioso, y lo conocemos con el nombre de "falso profeta" o el falso predicador. "Profeta" es alguien que predica. Este predica, pero es falso.

Hace milagros tan espectaculares que mucha gente es engañada, seducida y arrastrada. Pero su finalidad no es atraer la atención sobre sí mismo, sino que es como una especie de persona que le hace publicidad (como una especie manager). Le hace el marketing o la publicidad a la primera bestia, porque el objetivo de este falso profeta es que terminen adorando y rindiéndole culto a la primera bestia, que es el anticristo. Es curioso que sean los moradores de la tierra los que terminen adorando a esta persona. "Y le hacen una imagen a la bestia, que tiene la herida de espada y vivió". Es decir, al anticristo le hacen una imagen, y esto no es nuevo.

Por ejemplo, ahora mismo en Corea del norte, todos los días los que viven en esa ciudad tienen que ir y doblarse y adorar al abuelo y al padre del actual presidente, el cual se llama Kim Jong-un. Es increíble que, en pleno siglo XXI, haya seres humanos que antes de ir a estudiar o trabajar, tengan que ir delante de unas estatuas gigantes de bronce, y tengan que rendirle culto y pleitesía. Eso hoy en día existe, y es lo mismo que sucedió en los tiempos de Nabucodonosor cuando mandó construir una imagen de oro; y todo el mundo tenía que postrarse y adorarla incluso sin saber si la cara de la estatua era la misma que la del rey Nabucodonosor. Es decir, esto que vamos a ver en los últimos tiempos, no es nada nuevo.

Algunos, no todos, pero algunos Césares de Roma, obligaban a la gente a que se les adorara. Y se utilizaba en aquellos tiempos un título que era el *kyrios*. Esta palabra era la máxima autoridad, era el señor, pero el señor por antonomasia. Es decir, el señor de señores al que tenías que honrar y darle culto. Y ese es el título que se le da a Cristo en el Nuevo Testamento. No se olviden que el Nuevo Testamento fue escrito en griego. Y dice: "Al Señor (*kyrios*) adorarás, y a Él solo servirás". Los Césares de Roma se llamaban *kyrios*. Y, ¿cuántos cristianos murieron porque no le querían dar honra y culto al *kyrios* humano, al César de Roma?

Sin embargo, fíjense en lo que ocurre en el versículo 15, lo cual nunca ha sucedido en toda la historia de la humanidad: *"Y se le permitió infundir aliento a la imagen de la bestia, para que la imagen hablase e hiciese matar a todo el que no la adorase"*.

Por ejemplo, la Iglesia católica tiene miles y miles de imágenes. Pero ninguna de ellas habla. En los últimos tiempos, a esta imagen se le "permite" hablar[26].

La pregunta es ¿quién es el que se lo permite? Porque los demonios, cuando salieron del endemoniado gadareno, pidieron permiso. Y fue el Señor quien les permitió a esos demonios salir de él para que entraran en aquella piara de cerdos y se precipitaran en el mar, y se ahogaran[27].

¿Quién es el que permite todo esto? Es Satanás, pero tiene que pedirle permiso a Dios. Sin su permiso no pueden hacer absolutamente nada, ni Satanás, ni sus demonios, ni el falso profeta; y mucho menos el anticristo. El cual es un peón, un esclavo por así decirlo, de Satanás. Es decir, Dios permite ciertas y determinadas cosas aparentemente terribles, catastróficas, para que se cumpla la Palabra de Dios. Dios es el que permite que el diablo llegue hasta este punto, pero también hay momentos como los que el Señor Jesucristo dijo en el Sermón del Monte: "Pero por causa de los escogidos, aquellos días serán acortados" (*cf.* Mt. 24:22). Y no es que el diablo pueda hacer lo que le plazca y destruir y matar a todo el mundo, sino que es el Señor el que le dice: "Hasta aquí has llegado".

Por lo tanto, estos dos personajes son: El anticristo (el cual es el encargado de todo lo relacionado con la política), y el falso profeta. Algunos dirán: "Bueno, pero si el anticristo es un político tendrá una sede de gobierno, tendrá un país; o países que le van a apoyar. No les quepa la menor duda de que será así.

Creo que, en este momento, el continente que está más cualificado o capacitado para apoyar a un líder que tenga autoridad sobre muchas naciones, sin lugar a dudas es Europa.

____

[26] Cuenten cuántas veces aparece la palabra "permitir" en el cap. 13.
[27] Referencia bíblica: Mt. 8:28-34; Mr. 5.1-20; Lc. 8.26-39.

África está que da pena. En Latinoamérica no hay un líder hoy por hoy que sea capaz de gobernar a todos los países latinoamericanos. De hecho, hay países de América latina que están enfrentados los unos contra los otros. Pero, sin embargo, Europa en este momento tiene una sede de gobierno. Bruselas es donde se encuentra la sede del parlamento europeo, y sabemos que desde ahí se dictan leyes para todo un continente. Esto no es lo que ocurre en Asia; no sucede en África; y no se da en Oceanía. Esto solamente sucede en Europa. Es curioso, no hay ningún continente que tenga una moneda en común. Nosotros los europeos sí, que es el Euro. El único continente donde hay una religión a nivel mundial que gobierna sobre más de mil millones de personas, que precisamente menciona la Biblia, es Roma. Y el vaticano forma parte de la ciudad de Roma.

Europa cumple muchas características y condiciones para levantar a estos personajes que se van a apoyar mutuamente el uno al otro. Pero más adelante veremos, que el anticristo se volverá contra el falso profeta y contra su sede de gobierno. Al final, el anticristo "traicionará" por así decirlo, al falso profeta. Y terminará destruyéndolo a él, y a la ciudad desde la cual gobernará sobre todos los reyes de la tierra.

Recuerden que aquel momento no puede compararse con el siglo XXI, la única ciudad que gobernaba sobre todos los reyes de la tierra en aquel momento era Roma. No estamos interpretando el libro de Apocalipsis con las pautas y los parámetros de este siglo, sino con el tiempo en el que se escribió. Y Roma era la sede del gobierno de los Césares de Roma, y es el único imperio que ha sido el más extenso, el más longevo. Algunas personas se olvidan del detalle de que el Imperio romano duró casi 700 años. Y al final, se fracturó entre Oriente y Occidente: Constantinopla por un lado y Roma por otro. Pero Roma sigue teniendo un poder tremendo.

Así que, he tratado estos dos capítulos para que ustedes sepan lo que significa el tema de los dos testigos. Y para que también sepan el tema de los dos personajes que se mencionan en el libro de Apocalipsis capítulo 13, que son el anticristo y el falso profeta.

Si dibujáramos mentalmente una lista, o un orden aproximado sobre cómo se van a desarrollar los acontecimientos, recuerden que al final de los siete años de guerra, de masacres, de Gran Tribulación, es cuando el Señor volverá poniendo sus pies sobre el Monte de los olivos. Allí se producen una serie de juicios, y comenzará la era milenaria o el Milenio.

Muchas veces, en la Biblia, hay como un pequeño anticipo o botón de muestra de lo que posteriormente vendrá. Me explico, antes de la construcción del Templo de Jerusalén (el cual era un Templo permanente), hubo un templo llamado Tabernáculo (que fue algo portátil, se trasladaba de un lugar a otro). El Templo es la ampliación de todo lo que representó y significaba el Tabernáculo. Es decir, el candelabro (*Menorá*) que había en el Tabernáculo, se puso después en el Templo. El arca de la alianza que estaba en el Tabernáculo, también se puso después en el Templo. Y así todos y cada uno de los elementos del mobiliario. Y el Templo no se construyó previamente, el Tabernáculo fue como el anticipo de lo que posteriormente sería el Templo. El reinado milenial de Cristo es como un adelanto del reinado eterno del Señor. Él no viene y ya reina por la eternidad, sino que hay un periodo o un tiempo en el que el Señor Jesucristo reinará junto con la Iglesia y junto con los creyentes; con los que han nacido de nuevo. Y después, viene el reinado eterno del Señor Jesucristo. Pero como mencioné anteriormente, siempre hay como un avance o botón de muestra de lo que vendrá en el futuro.

En el siguiente capítulo, leeremos pasajes muy relevantes del libro de Isaías que nos hablan acerca del tema del Milenio.

Como habrán podido ver, esto no ha hecho más que empezar. La Escatología es un estudio constante y permanente de las profecías, el cual es un tema apasionante y maravilloso que hoy en día tenemos que conocer.

Estábamos acostumbrados a ver terremotos, a ver tsunamis; huracanes; etc. Pero a lo que la tierra no estaba acostumbrada era a ver plagas.

Porque en el momento en el que escribo estas palabras, nos encontramos en medio de una plaga mundial, el "COVID-19" o "coronavirus". Se trata de algo que no podemos ver, pero que está poniendo de rodillas a países enteros.

Cuando hay un enemigo de carne y hueso, usted se puede defender; lo puede reconocer; lo puede ver. Pero algo que solamente puede observarse con un microscopio, está poniendo de rodillas a economías, a países enteros; y a millones de personas que se encuentran atemorizadas.

Capítulo 8: El Milenio

Tal como anuncié en el capítulo anterior, en este capítulo vamos a estudiar algunos aspectos referentes al tema del Milenio. Me llama mucho la atención que algunos comentaristas (gente conocida que ha escrito extensos comentarios sobre la Biblia), a la hora de explicar o de dar información acerca de este tema (por falta de una correcta Hermenéutica), sacan conclusiones equivocadas diciendo que este tema del Milenio, solamente es para los judíos; y que realmente no es algo que entre dentro de la doctrina cristiana. También llama mi atención que en algunos libros que tengo, los cuales hablan de todo el tema del Apocalipsis, todo está muy bien explicado y especificado, pero cuando uno llega al tema del Milenio, tampoco lo tienen muy claro. Incluso algunos han dicho que la cifra que da la Biblia de los mil años, es una cifra para describir un número considerablemente grande de tiempo, pero que no se tiene que interpretar literalmente como mil años. Que pueden ser cuarenta; cincuenta; doscientos... pero que pusieron mil como para decir "un tiempo prolongado".

En fin, he escuchado y he leído teorías para todos los gustos, pero veamos qué es lo que nos dice la Palabra acerca de esto. He seleccionado algunos pasajes bíblicos que explicaré uno a uno, para ver qué información nos da la Biblia acerca de este tema tan interesante. Un texto está en Apocalipsis, dos en Isaías, y un cuarto en el libro del profeta Zacarías.

El primero está en el capítulo 20 del libro de Apocalipsis, el cual nos habla principalmente del tema del Milenio. Veamos qué información nos da aquí la Palabra.

Apocalipsis: "Vi a un ángel que descendía del cielo, con la llave del abismo, y una gran cadena en la mano. Y prendió al dragón, la serpiente antigua, que es el diablo y Satanás, y lo ató por mil años; y lo arrojó al abismo, y lo encerró, y puso su sello sobre él, para que no engañase más a las naciones, hasta que fuesen cumplidos mil años; y después de esto debe ser desatado por un poco de tiempo. Y vi tronos, y se sentaron sobre ellos los que recibieron facultad de juzgar; y vi las almas de los decapitados por causa del testimonio de Jesús y por la palabra de Dios, los que no habían adorado a la bestia ni a su imagen, y que no recibieron la marca en sus frentes ni en sus manos; y vivieron y reinaron con Cristo mil años. Pero los otros muertos no volvieron a vivir hasta que se cumplieron mil años. Esta es la primera resurrección. Bienaventurado y santo el que tiene parte en la primera resurrección; la segunda muerte no tiene potestad sobre éstos, sino que serán sacerdotes de Dios y de Cristo, y reinarán con él mil años. Cuando los mil años se cumplan, Satanás será suelto de su prisión, y saldrá a engañar a las naciones que están en los cuatro ángulos de la tierra, a Gog y a Magog, a fin de reunirlos para la batalla; el número de los cuales es como la arena del mar. Y subieron sobre la anchura de la tierra, y rodearon el campamento de los santos y la ciudad amada; y de Dios descendió fuego del cielo, y los consumió. Y el diablo que los engañaba fue lanzado en el lago de fuego y azufre, donde estaban la bestia y el falso profeta; y serán atormentados día y noche por los siglos de los siglos" (Ap. 20:1-10).

Respeto las opiniones de todo el mundo, pero yo creo que cuando la Biblia dice que el Señor Jesucristo reinará durante mil años, yo entiendo que se trata de algo literal. No pienso que se refiera a algo simbólico, porque no tiene ningún sentido poner unas cifras que no son verdad. Si el Señor no fuera a reinar durante mil años, yo creo sinceramente que Él lo hubiera dicho de una manera clara a través de la pluma del apóstol Juan. Por ejemplo, habría escrito: "Reinará cincuenta años, cien años, doscientos años". Pero, ¿por qué la cifra de mil? Sinceramente, yo no creo que sea una cifra simbólica, sino literal.

También, he oído a algunas personas decir que el Milenio va a durar un día: "Con que el Señor reine un día, ya se cumple la Palabra que dice que Cristo reinará". Por otra parte, algunas personas me han preguntado: "¿Cómo es que la Biblia dice que su Reino no tendrá fin, y después la Biblia limita el tiempo de su reinado a mil años?". En uno de los capítulos anteriores dije que siempre hay como un anticipo, como un botón de muestra de lo que después se va a hacer en mayor escala; medida; o en tiempo. Como el Tabernáculo fue el anticipo del Templo, pues algunos consideramos que el Milenio es como un anticipo del reinado eterno del Señor Jesucristo. Reino que fue profetizado tanto en el Antiguo Testamento, como en aquella famosa visita que le hace el ángel Gabriel a María cuando viene y le anuncia: que iba a quedarse embarazada; que tendría un hijo varón; que se llamaría Jesús; que sería llamado "Hijo del Altísimo"; que reinaría sobre la casa de Jacob para siempre; y su Reino no tendría fin" (*cf.* Lc. 1:32). Es decir, en aquel "paquete" profético que Gabriel le dio a María.

Dentro de esas siete profecías, cuatro ya se habían cumplido en su primera venida y las otras tres faltan por cumplirse con su segunda venida y con su reino milenial, el versículo 1 nos da una clave muy interesante. Porque dice que "un ángel desciende del Cielo y es el que hace que Satanás quede aprisionado". Satanás quedará atado por mil años.

Ahora bien, el versículo 2 de Apocalipsis 20, nos tiene que sonar bastante, porque en el capítulo 12 (que estudiamos en uno de los capítulos anteriores de este libro), dice aproximadamente lo mismo: "Y fue lanzado fuera el gran dragón, la serpiente antigua, que se llama diablo y Satanás, el cual engaña al mundo entero; fue arrojado a la tierra, y sus ángeles fueron arrojados con él" (Ap. 20:10). Nuevamente aparece la expresión "dragón", "serpiente antigua", "diablo", "Satanás". Está describiendo a la misma persona. La palabra "Satanás" viene del hebreo: שָׂטָן "*shatan*" (que significa "adversario" o "fiscal").

En un juicio está el abogado defensor, el juez, y el fiscal. En este caso, digamos, que Satanás hace de fiscal, de acusador. La palabra "diablo", es una palabra de origen griego.

Habla de la misma persona, pero significa "calumniador" y también significa "acusador". Lo de "serpiente antigua" evidentemente es por lo que ocurrió en el jardín del Edén, que fue el animal que Satanás utilizó para engañar a Eva. Y el "dragón" por ser ese animal que forma parte de la mitología que arrojaba fuego por la boca y porque es un animal que infunde miedo. Que infunde terror, no solamente por su apariencia, sino por lo que proyecta por su boca. Y es mismo que se emplea para describir a la figura de Satanás. El cual no solamente recibe estos nombres en la Biblia, también aparece como: "el engañador"; "el padre de mentira"; "el príncipe de la potestad del aire"; "el príncipe de este mundo"; "el príncipe de las tinieblas"; etc. También se le conoce como "Belcebú", que es el "príncipe de los demonios". Recibe diferentes nombres como también el Señor Jesucristo recibe a lo largo de la Biblia diferentes títulos: "Emanuel"; "Alfa; "Omega"; "Príncipe de Paz"; "Admirable"; "Consejero"; "Dios Fuerte" (*cf.* Is. 9:6).

¿Por qué? Pues porque cada nombre o cada título define su función, su naturaleza o su esencia. También, en el Nuevo Testamento y en toda la Biblia, el Espíritu Santo recibe diferentes títulos o nombres: "Espíritu de gracia"; "Espíritu de vida"; "Espíritu de adopción"; "Consolador"; etc.

Para que sepamos cuándo ocurre el Milenio: sucede al final, cuando termine el periodo terrible de la Gran Tribulación o el tiempo de angustia de Jacob (como también se le llama en el Antiguo Testamento); cuando terminen los sellos; las trompetas; las copas; etc.

En fin, cuando terminen todas las tragedias y calamidades que se describen en el libro de Apocalipsis y en otros libros.

Al final de ese periodo de "siete años", Satanás no será arrojado al lago de fuego para ser destruido eternamente y para siempre, sino que estará encerrado y atado durante mil años. Evidentemente, cuando termine la Gran Tribulación, la tierra quedará en muy mal estado. Pero millones y millones de personas se salvarán a pesar de las calamidades; los terremotos; las plagas; etc. Habrá miles y millones de seres humanos que escaparán con vida, que no serán cristianos o nacidos de nuevo, pero que entrarán directamente a formar parte del Milenio. Son personas que han estado en la Gran Tribulación, y de repente se encuentran en una etapa en la que Cristo está reinando con su pueblo; con sus hijos en este mundo. Pero ellos no habrán nacido de nuevo, no habrán experimentado el nuevo nacimiento. Sobre esas personas es sobre los que reinaremos juntamente con Cristo. Porque si la promesa para todo creyente es que cada uno de los cristianos, de los hijos de Dios, reinaremos juntamente con Cristo, no vamos a reinar los unos sobre los otros. Porque la promesa es para todos o para ninguno.

Por lo tanto, ¿sobre quién reinaremos? Pues sobre todos aquellos inconversos que hayan escapado con vida de la Gran Tribulación, y entren directamente a formar parte de una etapa idílica de la historia. Una etapa realmente extraordinaria, que en los capítulos que vamos a leer a continuación del libro de Isaías, se describen de una forma maravillosa. Se trata de una descripción muy interesante acerca de este periodo al que llamamos Milenio, donde Cristo el Señor reinará. Todo el capítulo 11 del profeta Isaías, nos habla acerca del reinado del Mesías. Sabemos que ahí es donde estaba escrito que el Mesías vendría una primera vez como siervo sufriente, para morir y pagar el precio de nuestra redención.

Isaías capítulo 53 nos describe, con una exactitud maravillosa, 800 años antes de su nacimiento. Pero en el capítulo 11, nos describe su reinado.

Todos sabemos que Cristo no reinó en su primera venida (aunque en algunas ocasiones quisieron hacerlo rey). En ese momento Él no vino a reinar. Es en su segunda venida, en su retorno o en su *parusía*, que vendrá a reinar.

Isaías: "Morará el lobo con el cordero, y el leopardo con el cabrito se acostará; el becerro y el león y la bestia doméstica andarán juntos, y un niño los pastoreará. La vaca y la osa pacerán, sus crías se echarán juntas; y el león como el buey comerá paja. Y el niño de pecho jugará sobre la cueva del áspid, y el recién destetado extenderá su mano sobre la caverna de la víbora. No harán mal ni dañarán en todo mi santo monte; porque la tierra será llena del conocimiento de Jehová, como las aguas cubren el mar. Acontecerá en aquel tiempo que la raíz de Isaí, la cual estará puesta por pendón a los pueblos, será buscada por las gentes; y su habitación será gloriosa. Asimismo acontecerá en aquel tiempo, que Jehová alzará otra vez su mano para recobrar el remanente de su pueblo que aún quede en Asiria, Egipto, Patros, Etiopía, Elam, Sinar y Hamat, y en las costas del mar. Y levantará pendón a las naciones, y juntará los desterrados de Israel, y reunirá los esparcidos de Judá de los cuatro confines de la tierra. Y se disipará la envidia de Efraín, y los enemigos de Judá serán destruidos. Efraín no tendrá envidia de Judá, ni Judá afligirá a Efraín; sino que volarán sobre los hombros de los filisteos al occidente, saquearán también a los de oriente; Edom y Moab les servirán, y los hijos de Amón los obedecerán. Y secará Jehová la lengua del mar de Egipto; y levantará su mano con el poder de su espíritu sobre el río, y lo herirá en sus siete brazos, y hará que pasen por él con sandalias. Y habrá camino para el remanente de su pueblo, el que quedó de Asiria, de la manera que lo hubo para Israel el día que subió de la tierra de Egipto" (Is. 11:6-16).

Algunos interpretan que estos animales que se mencionan aquí (el lobo, el cordero, el leopardo, el becerro, y el león), representan a naciones.

En este pasaje se nos están dando datos muy relevantes acerca de lo que va a ocurrir en esta etapa de la historia, que la llamamos o conocemos como el Milenio. En cierto sentido, si tuviéramos que poner un ejemplo bíblico de cómo será la era milenaria, diríamos que se va a parecer mucho a los tiempos de Adán y Eva en el jardín del Edén. Donde los leones, por ejemplo, no eran carnívoros sino herbívoros. Y esto volverá a ocurrir. Allí no había maldad, todo era santidad; todo era armonía; perfección; todo era maravilloso. Así que es allí donde el Señor Jesucristo estará reinando sobre la tierra.

Entonces, como Satanás no estará en libertad, no seremos tentados bajo su influencia. Habrá una buena conducta, digamos que habrá un ambiente idílico, un ambiente extraordinario y maravilloso sobre toda la tierra. Pero no porque hayan nacido de nuevo las personas sobre las cuales estaremos reinando, sino porque no estarán bajo la influencia directa de Satanás.

Leímos anteriormente que cuando Satanás, al final del Milenio, vuelva a ser soltado por un poco de tiempo, otra vez intentarán hacer guerra contra los santos y contra el mismísimo Señor Jesucristo. Pero tengan en cuenta la descripción que se nos da aquí: No habrá maldad, ni violencia ni agresividad, sino que todo volverá otra vez a la armonía y a la perfección como en los tiempos del jardín del Edén antes del pecado y la desobediencia.

Un poquito más adelante, en el mismo libro de Isaías, el capítulo 65 nos dice cosas muy interesantes acerca estos tiempos.

> **Isaías:** "Porque he aquí que yo crearé nuevos cielos y nueva tierra; y de lo primero no habrá memoria, ni más vendrá al pensamiento. Mas os gozaréis y os alegraréis para siempre en las cosas que yo he creado; porque he aquí que yo traigo a Jerusalén alegría, y a su pueblo gozo. Y me alegraré con Jerusalén, y me gozaré con mi pueblo; y nunca más se oirán en ella voz de lloro, ni voz de clamor. No habrá más allí niño que muera de pocos días, ni viejo que sus días no cumpla; porque el niño morirá de cien años, y el pecador de cien años será maldito. Edificarán casas, y morarán en ellas; plantarán viñas, y comerán el fruto de ellas. No edificarán para que otro habite, ni plantarán para que otro coma; porque según los días de los árboles serán los días de mi pueblo, y mis escogidos disfrutarán la obra de sus manos. No trabajarán en vano, ni darán a luz para maldición; porque son linaje de los benditos de Jehová, y sus descendientes con ellos. Y antes que clamen, responderé yo; mientras aún hablan, yo habré oído. El lobo y el cordero serán apacentados juntos, y el león comerá paja como el buey; y el polvo será el alimento de la serpiente. No afligirán, ni harán mal en todo mi santo monte, dijo Jehová". (Is. 65:17-25).

La longevidad volverá otra vez a ser parecida a los primeros tiempos de la creación, cuando la gente vivía muchísimos años. Si se dan cuenta, habrá pecadores en el Milenio.

Isaías es un profeta tremendo, porque describe la vida del Señor Jesucristo en su primera venida y su reinado de una forma extraordinaria; como ningún otro profeta lo ha hecho en toda la Biblia. Y todas estas cosas, estos textos e información que estamos leyendo, nos dan más evidencias de que el tiempo del Milenio será un tiempo realmente extraordinario.

Un tiempo precioso en el que por fin el Señor Jesucristo ocupará el lugar que le corresponde: su trono. Y ejercerá justicia sobre las naciones.

Pero hay un detalle muy interesante en el libro de Zacarías que me gustaría que leyéramos, para que veáis como va a haber naciones enteras que sobrevivirán a las matanzas; a las guerras; y epidemias de la Gran Tribulación.

Zacarías: "Y todos los que sobrevivieren de las naciones que vinieron contra Jerusalén, subirán de año en año para adorar al Rey, a Jehová de los ejércitos, y a celebrar la fiesta de los tabernáculos. Y acontecerá que los de las familias de la tierra que no subieren a Jerusalén para adorar al Rey, Jehová de los ejércitos, no vendrá sobre ellos lluvia. Y si la familia de Egipto no subiere y no viniere, sobre ellos no habrá lluvia; vendrá la plaga con que Jehová herirá las naciones que no subieren a celebrar la fiesta de los tabernáculos. Esta será la pena del pecado de Egipto, y del pecado de todas las naciones que no subieren para celebrar la fiesta de los tabernáculos. En aquel día estará grabado sobre las campanillas de los caballos: SANTIDAD A JEHOVÁ; y las ollas de la casa de Jehová serán como los tazones del altar. Y toda olla en Jerusalén y Judá será consagrada a Jehová de los ejércitos; y todos los que sacrificaren vendrán y tomarán de ellas, y cocerán en ellas; y no habrá en aquel día más mercader en la casa de Jehová de los ejércitos" (Zac. 14:16-21).

Es decir, estamos viendo como naciones enteras tendrán que subir todos los años a Jerusalén a adorar al rey y a celebrar, dice aquí específicamente: "la fiesta de los Tabernáculos". La cual es la fiesta que le recordaba y le recuerda todavía en la actualidad al pueblo de Israel su tiempo de peregrinación en el desierto.

Cuando salieron de Egipto e iban rumbo a la tierra prometida, estuvieron acampando en tiendas de campaña durante muchísimo tiempo. Y para que no se olviden del estilo o el modelo de vida que vivieron durante tanto tiempo, todos los años celebran (entre aproximadamente el mes de septiembre y octubre) una fiesta llamada: *Sucot*. La cual nosotros conocemos como "la fiesta de los Tabernáculos", donde construyen pequeñas cabañas. Y de esa manera, como familia, recuerdan la peregrinación de sus antepasados por el desierto. Dice la Biblia que todos los años, las naciones que hayan sobrevivido, tendrán que subir a Jerusalén para celebrar esta fiesta. Y si no quisieran subir, también dice la Palabra que ese año, sobre ese país o esa nación, el Señor no mandará la lluvia.

Entonces vemos que, en cierto sentido, es como que la vida continuará, pero con unas características muy interesantes: Satanás estará atado; el Señor Jesucristo estará reinando juntamente con los santos o creyentes; la sede de gobierno del Señor será la ciudad de Jerusalén; no habrá animales que ataquen y se maten unos a otros; y la longevidad de la gente será tremenda. Porque claro, si esto es literal, si el Milenio digamos que son mil años literales, nosotros ya tendremos un cuerpo glorificado porque ya habremos resucitado con Cristo; o fuimos parte del arrebatamiento de la Iglesia. Por lo tanto, nuestro cuerpo ya no es el que tuvimos cuando estábamos en esta tierra, antes de ser arrebatados o resucitados. Lo que está bien claro es que el Señor hará el milagro de que incluso aquellos pecadores que sobrevivieron hasta la llegada del Milenio, puedan vivir y experimentar la era milenaria.

Se trata de un tiempo muy interesante. No hay mucha información sobre este periodo de la historia, pero lo que se sabe es que será un tiempo extraordinario. El cual se menciona en la Biblia, y si está en la Biblia es porque el Señor quiere que sepamos que esa etapa es una etapa real, una etapa verdadera. No es algo simbólico o algo que se puso ahí como una especie de relleno, sino que verdaderamente es una etapa que va a existir.

Y por ese motivo, algunos dicen que si la Biblia, desde el principio (en el libro de Génesis) relata la creación en una etapa de seis días y al séptimo reposó, llegan a la conclusión de que, en cierto sentido, la Biblia es la historia de seis mil años de humanidad. Y el séptimo día o el séptimo año, esos mil años son la etapa que ocupa el Milenio. Tenemos cuatro mil años antes de Cristo; dos mil años después de Cristo; y faltarían esos mil años que son el Milenio que se lleva a cabo después del periodo de la Gran Tribulación.

Hemos leído que habrá nacimientos; que se producirán fallecimientos; hemos visto que la gente sembrará; que la gente comprará; y que la gente edificará. Vemos que aparentemente la vida sigue "de una manera normal", pero con los datos que tenemos, sabemos que es la etapa en la que todas las naciones tendrán que reconocer el Señorío y el reinado del Señor Jesucristo.

Ahora bien, no es un tiempo eterno. Es un tiempo que tiene un fin: mil años. Volvamos al libro de Apocalipsis capítulo 20, para que veamos qué es lo que ocurre cuando termina esta etapa de la historia tan extraordinaria del Milenio.

> **Apocalipsis:** "Y vi un gran trono blanco y al que estaba sentado en él, de delante del cual huyeron la tierra y el cielo, y ningún lugar se encontró para ellos. Y vi a los muertos, grandes y pequeños, de pie ante Dios; y los libros fueron abiertos, y otro libro fue abierto, el cual es el libro de la vida; y fueron juzgados los muertos por las cosas que estaban escritas en los libros, según sus obras. Y el mar entregó los muertos que había en él; y la muerte y el Hades entregaron los muertos que había en ellos; y fueron juzgados cada uno según sus obras. Y la muerte y el Hades fueron lanzados al lago de fuego. Esta es la muerte segunda. Y el que no se halló inscrito en el libro de la vida fue lanzado al lago de fuego (Ap. 20:11-15).

Después del Milenio, se producirá una segunda resurrección. La pregunta es: ¿de quién o de quiénes? Pues de todos aquellos inconversos que a lo largo de la historia aún no han resucitado.

Ya se produjo una primera resurrección juntamente con los arrebatados de la Iglesia[28], el rapto. Pero todavía quedan millones de personas que murieron a lo largo de la historia, y los que morirán durante la Gran Tribulación que aun no han resucitado.

Al final del Milenio, se celebrará el Juicio ante el Gran Trono Blanco. Los libros serán abiertos, especialmente el Libro de la Vida; se producirá el Juicio, y automáticamente todas aquellas personas que no se encuentran inscritas en ese libro, dice que serán arrojadas o lanzadas al lago de fuego y azufre. Es lo que nosotros llamamos "infierno", la condenación eterna; de la cual ya no hay ninguna posibilidad de escapar.

Algunos consideran que el tema del infierno es muy fuerte, y por eso muchos ya ni quieren tocar este tema. Ni los predican ni los mencionan, pero es tan bíblico como el Cielo.

Los capítulos 21 y 22 (los dos últimos capítulos del libro de Apocalipsis), nos describen la Nueva Jerusalén, que no es la Nueva Jerusalén sobre la cual va a estar reinando durante mil años el Señor Jesucristo. Quisiera que esto quede bien claro. El Señor estará reinando en esta tierra durante el Milenio. Cuando termine el Milenio, se producirá la segunda resurrección; el Juicio ante el Gran Trono Blanco; y a continuación, entraría la etapa de la Nueva Jerusalén. Esa ciudad maravillosa que la Biblia describe con doce puertas de perlas, concimientos de diferentes materiales, etc. La Nueva Jerusalén está todavía, digamos, sin estrenar. Ese es el regalo final del Novio a su Amada, su Iglesia.

Entonces, el reinado de Cristo será en la ciudad de Jerusalén para el mundo entero. Las naciones tendrán que subir a Jerusalén, porque el Señor Jesucristo tendrá su trono (su sede de gobierno), en la Jerusalén terrenal.

Cuando Él venga (pueden repasar el capítulo 14 de Zacarías), la ciudad quedará totalmente destruida. Porque la

---

[28] Referencia bíblica: 1ª Corintios 15.

Biblia nos dice que se producirá un terremoto tremendo; se formará un valle gigantesco; saldrán aguas vivas del interior de la ciudad de Jerusalén que entrarán en el mar Muerto; y otras hacia el Mediterráneo. El mar Muerto se convertirá en un mar con una vida extraordinaria (peces y una vida abundante). La ciudad actual de Jerusalén no se parecerá en lo más mínimo a la Jerusalén sobre la cual Cristo va a reinar.

En el libro de Ezequiel, pueden leer la información que el Señor le da al profeta sobre el Templo. El primero lo construyó Salomón, ese quedó destruido. Y cuando volvieron del cautiverio, se volvió a reconstruir un segundo Templo en los tiempos de Esdras; de Nehemías; de Zorobabel. Después, volvió a ser destruido por los romanos en el año 70 después de Cristo. Y desde el año 70 de la era cristiana hasta hoy, ya no hubo Templo. Pero la Biblia habla de un tercer Templo (no el Templo que quieren construir algunos judíos sobre el monte Moriá), que será profanado por el anticristo. Y es donde se pondrá "la imagen de la bestia", etc. Ese Templo será profanado, y probablemente hasta destruido.

Pero el Templo al cual tendrán que subir todas las naciones para celebrar la fiesta de los Tabernáculos, y para adorar al Rey de reyes y Señor de señores, será un Templo gigantesco. El cual, según los datos y las medidas que nos da el libro de Ezequiel, abarcará toda la ciudad de Jerusalén. Y eso es lo que muchos no saben. Las medidas que nos da el profeta Ezequiel, no son las medidas del Templo que quieren construir solamente en la Explanada de las mezquitas o en el antiguo monte Moriá. Evidentemente no, si investigan sobre los planos, ustedes podrán comprobar las medidas de ese Templo futuro del Milenio.

Se trata de un Templo que abarcará toda la ciudad de Jerusalén, y mucho más. Este dato no es algo que conozca muchísima gente, porque es una información que yo conseguí hace no mucho tiempo en Jerusalén. Son unos datos, unos libros y unos mapas, que, si los ven, se quedarían completamente asombrados por las medidas inmensas de semejante Templo.

"Satanás será suelto de su prisión". Y ¿qué es lo que hace Satanás después haber estado atado mil años? ¿Ha cambiado? ¿Ha reflexionado? ¿Se ha arrepentido? ¿Ha dicho: "Bueno, vamos a cambiar la actitud; vamos a pedir perdón"?

No, aquí dice que sale a engañar a las naciones que están en los cuatro ángulos de la tierra. Menciona fundamentalmente a Gog y a Magog *"a fin de reunirlos para la batalla; el número de los cuales es como la arena del mar"* (Ap. 20:8).

Y fíjense que dice: *"subieron sobre la anchura de la tierra, y rodearon el campamento de los santos y la ciudad amada; y de Dios descendió fuego del cielo, y los consumió"* (Ap. 20:9).

Es curioso ver cómo Satanás todavía tiene ganas de seguir haciendo daño. Todavía quiere seguir engañando después de haber estado mil años atado, después de haber visto que el Señor ha cumplido todo; que el anticristo ha sido destruido; que el falso profeta ya no existe; que él mismo está totalmente acabado. Y vuelve otra vez a lo mismo. La pregunta es: ¿Y para qué lo suelta el Señor después de mil años? ¿Por qué no lo destruye y acaba con este personaje de una vez por todas? Bueno, bajo mi opinión particular, se trata de una forma de demostrarle al hombre que, si no hay una verdadera conversión, por muy atado que haya estado Satanás durante mil años, si el corazón del hombre no ha sido regenerado y transformado por el poder de Dios, volverá otra vez a dejarse arrastrar y seducir por Satanás. Es como una forma de demostrarles a los inconversos que, si no aceptan al Señor Jesucristo y lo hacen su Señor y su Salvador, en el momento en el que Satanás vuelva otra vez a engañar, a seducir, a tentar, etc. volverán otra vez a morder el cebo. Y reincidirán en lo mismo, porque sus corazones no habían sido regenerados por el Señor Jesucristo.

Es decir, cuando una persona peca, digamos que hay un agente exterior, pero también hay un agente interior, al cual la Biblia le llama pecado. Y ese pecado, en el momento que la persona le da lugar, vuelve a caer. Ha estado mil años viendo a Cristo, ha tenido que subir a Jerusalén a adorar al Señor; ha visto como todo se ha cumplido; ha visto como ha quedado todo: la tierra devastada, con guerras, con terremotos, con todo tipo de calamidades. Pero, como que no es suficiente para que el hombre proceda al arrepentimiento, y de esa manera, pida perdón y su vida pueda ser cambiada y transformada.

Doy gracias al Señor por toda la información que nos da la Biblia. Sobretodo por estas profecías de Ezequiel, Daniel, Apocalipsis, etc. Y quiero dejar bien claro una cosa: todo esto no se ha escrito para asustar. Estas profecías no se han escrito para confundir, sino todo lo contrario. Tres cuartas partes del material que tenemos en la Biblia, es material profético, y el Señor nos lo ha dado como un regalo maravilloso para que no vivamos más tiempo bajo la ignorancia; y para que sepamos cómo actuar en cada momento de la historia.

A continuación, quisiera hacer una pequeña referencia a la pandemia que mencioné en el capítulo anterior, y que en el momento en el que escribo este libro, tiene a todo el mundo atemorizado. La Biblia dice que no tenemos que sorprendernos acerca de estas cosas. El apóstol Pedro dijo en una de sus cartas: *"Amados, no os sorprendáis del fuego de prueba que os ha sobrevenido, como si alguna cosa extraña os aconteciese"* (1 Pe. 4:12). Debemos saber que todas estas cosas forman parte de las señales proféticas de los últimos tiempos. Estamos acostumbrados a ver terremotos, a ver volcanes en erupción, etc. pero no estábamos acostumbrados a ver plagas; y menos de esta envergadura. Yo creo que en momentos así, los creyentes no tenemos que estar hablando todo el día de las preocupaciones y de los temores de la gente de este mundo.

Es cierto que hay un virus, es verdad que hay gente infectada; es verdad que hay gente que ha muerto; pero nuestro principal tema de conversación no debe ser ese. A veces uno pone la televisión o la radio, baja a una cafetería, va a pasear, y hay un monotema en todo el mundo. En estos momentos no hay otro tema de conversación que el coronavirus, y yo estoy profundamente contra eso. Nuestro tema de conversación no tiene por qué ser ese.

Es inevitable que toquemos el tema, pero la Biblia dice: "Hablando entre vosotros con salmos, con himnos, alabando y cantando al Señor en vuestros corazones; dando siempre gracias a Dios el Todopoderoso por todas las cosas que nos ha dado"[29]. Es decir, lo que hablemos, sobre todo en esta época, debe ser diferente. Y sobre todo hermanos, aprovechen estos tiempos, estas señales, para decirle al mundo: "Señores, esto es lo que nosotros hemos creído por miles de años, y ahora ustedes lo están viviendo en carne propia, pero para nosotros es normal".

Y os digo algo más, no sé cuántos de ustedes saben lo que se prevé que ocurrirá este año, el 2020. El día 14 de mayo (que fue el mismo día en que nació el Estado de Israel, en 1948), el papa Francisco quiso reunir a un montón de líderes de naciones (sobre todo líderes espirituales y religiosos)[30]. Con el fin de firmar una especie de declaración de "la nueva religión", en el "Nuevo Orden Mundial" que se avecina promovido por Roma, por la Iglesia católica, por el Papa[31]. Vamos abocados a la creación de una nueva religión de carácter universal.

Nunca en la historia se ha dado este paso. Este año, estamos a punto de ver algo impresionante, de ver cómo se pretende aglutinar a las religiones. Incluso ya se está hablando de hacer un tipo de Biblia donde se eliminen algunas palabras que pueden ser ofensivas como "sangre"; como "pecado", como "lago de fuego", etc. Y, además, quieren incluir el nombre Alá para agradar también a los musulmanes, y que cuando ellos lean la

---

[29] Referencias bíblicas: Efesios 5:19-20; Colosenses 3:16.

[30] Puede leer el artículo en la siguiente página web:
https://www.vaticannews.va/es/papa/news/2019-09/papa-francisco-pacto-educativo-mensaje-creacion.html

[31] Finalmente se celebró en otra fecha del mismo año.

Biblia vean que su dios aparece en ella. Porque dicen que, al fin y al cabo: "Alá, Dios, Jehová, y Yahvé es el mismo".

Fíjense a dónde se está dirigiendo el planeta Tierra. La humanidad va camino hacia un "Nuevo Orden Mundial" dirigido por el anticristo. Y hacia una especie de sincretismo religioso, donde el falso profeta estará llevando las riendas. Por eso vemos que la Iglesia católica va a jugar un papel fundamental en los últimos tiempos. Porque tiene autoridad y porque es como una especie de "loba herida a la cual le han quitado sus cachorritos", y está tratando de volver a recuperar su poderío y su señorío sobre todas las naciones de la tierra.

Por lo tanto, estemos atentos. *"Velad y orad"*[32], porque la Biblia nos enseña que los tiempos se acortan. Y por eso, los cristianos, los pastores y los predicadores, tienen que empaparse de estas cosas como nunca antes. Es necesario que le enseñen a la Iglesia como comportarse.

Es tremendo el tiempo que estamos viviendo, España y casi todos los países del mundo actualmente se encuentran "herméticos"; nadie puede entrar o salir. Hay miles de iglesias en todo el mundo que se encuentran cerradas, no nos podemos congregar. En muchas ciudades hay que firmar un documento oficial, para pedir permiso para poder salir de nuestras casas; para ir a comprar comida a un supermercado. Es decir, en cuestión de dos o tres semanas, el mundo ha cambiado completamente. La economía está entrando en un periodo de recesión impresionante. Miles de turistas que tenían ya sus reservas para Semana Santa y para otras fechas del año, probablemente no puedan viajar. Muchas personas están perdiendo su puesto de trabajo. Hay aeropuertos, colegios, universidades, ciudades enteras totalmente vacías. Parece algo apocalíptico. Precisamente, el último libro de la Biblia se llama el "Apocalipsis".

---

[32] Referencias bíblicas: Mateo 26:41; Marcos 13:33; 14:38.

Y quiero terminar este capítulo diciendo que, si nosotros comenzáramos a leer la Biblia desde el principio (desde el libro del Génesis), o si eligiéramos comenzar a leerla empezando por Mateo, sea como sea, al final nos encontraríamos entre comillas "casualmente" con el libro del Apocalipsis. Es como si el Señor nos dijera: "Cuando hayas leído todo, recuerda lo que se profetizó o se escribió en el libro del Apocalipsis. Para que sepáis que lo que va a ocurrir, Yo os lo estoy diciendo de antemano. Y para que aquellas cosas no os sorprendan y vengan "como ladrón en la noche"[33].

¿Por qué dice la Biblia: *"Velad y orad"*? ¿Por qué les dijo por ejemplo a los cristianos del primer siglo: "Huid cuando vean estas cosas, no os quedéis en Jerusalén, sino salir corriendo; el que esté en el campo no se le ocurra entrar en casa a coger algo porque como entre no va a salir"? Les animo a que lean el capítulo 24 de Isaías. Es impresionante lo que allí nos dice. En este momento, es como si fuera un capítulo escrito para nosotros, porque ya estamos viviendo muchas cosas que vemos en este capítulo de Isaías. Gloria a Dios que está el 25 y el 26, y hay una luz a la salida del túnel; hay un rayo de esperanza. Pero el capítulo 24 de Isaías, es tremendamente gráfico acerca de cosas que ya han comenzado a ocurrir.

Así que, se acercan los tiempos finales. Demos gracias al Señor por su Palabra, porque Él está con nosotros, y nos va a cuidar y a proteger. Yo estoy convencido, y les confieso, esto no lo digo como un decreto, sino que confieso la fe que tengo de que en estos últimos tiempos el Señor hará una diferencia entre aquellos que creemos y aquellos que se niegan a creer. Yo pienso que el Señor va a hacer milagros de todo tipo en los últimos tiempos a favor de sus hijos, a favor de su pueblo.

De manera que, ni el pánico, ni el nerviosismo; ni el estrés; ni la falta de paz; tienen que apoderarse de nuestras

____

[33] Referencia bíblica: 2ª Pedro 3:10.

conversaciones; o de nuestras iglesias; o de nuestra vida. Porque el Señor ha prometido que "estará con nosotros todos los días hasta el fin del mundo" (*cf* Mt. 28:20).

Es decir, no hay un solo día en que la presencia del Señor no esté a nuestro lado, así que confiemos plenamente en Él.

Que el Señor les bendiga y les guarde.

Capítulo 9: Firmes en el Señor

Quisiera comenzar con una lectura que se encuentra en la primera carta del apóstol Pablo, a nuestros hermanos de Tesalónica.

Dice así la Palabra del Señor: *"Pero acerca de los tiempos y de las ocasiones, no tenéis necesidad, hermanos, de que yo os escriba. Porque vosotros sabéis perfectamente que el día del Señor vendrá así como ladrón en la noche; que cuando digan: Paz y seguridad, entonces vendrá sobre ellos destrucción repentina, como los dolores a la mujer encinta, y no escaparán. Mas vosotros, hermanos, no estáis en tinieblas, para que aquel día os sorprenda como ladrón. Porque todos vosotros sois hijos de luz e hijos del día; no somos de la noche ni de las tinieblas. Por tanto, no durmamos como los demás, sino velemos y seamos sobrios. Pues los que duermen, de noche duermen, y los que se embriagan, de noche se embriagan. Pero nosotros, que somos del día, seamos sobrios, habiéndonos vestido con la coraza de fe y de amor, y con la esperanza de salvación como yelmo. Porque no nos ha puesto Dios para ira, sino para alcanzar salvación por medio de nuestro Señor Jesucristo, quien murió por nosotros para que ya sea que velemos, o que durmamos, vivamos juntamente con él. Por lo cual, animaos unos a otros, y edificaos unos a otros, así como lo hacéis"* (1 Tes. 5:1-11).

Y después, más adelante (en el mismo capítulo 5), el apóstol Pablo da una serie de instrucciones prácticas para mantenernos siempre firmes en el Señor y en victoria:

1. "Estad siempre gozosos" (v. 16).
2. "Orad sin cesar" (v. 17).

3. "Dad gracias en todo, porque esta es la voluntad de Dios para con vosotros en Cristo Jesús" (v. 18).
4. "No apaguéis al Espíritu" (v. 19).
5. "No menospreciéis las profecías" (v. 20).
6. "Examinadlo todo; retened lo bueno" (v. 21).
7. "Absteneos de toda especie de mal" (v. 22).
8. "Y el mismo Dios de toda paz os santifique por completo; y todo vuestro ser, espíritu, alma y cuerpo, sea guardado irreprensible para la venida de nuestro Señor Jesucristo" (v. 23).
9. "Fiel es el que os llama, el cual también lo hará" (v. 24).

Doy muchas gracias al Señor por las cartas de Pablo, de Pedro, de Juan y Santiago; los Evangelios; el libro de los Salmos; el libro del Apocalipsis; por la Torá... etc.

Doy gracias al Señor por todos y cada uno de los versículos, capítulos y libros que el Señor nos ha dejado en su bendita y preciosa Palabra. Es un privilegio poder tener la Biblia en nuestras manos.

Tengo la costumbre de tener toda la estantería llena de biblias, también tengo libros de todo tipo (comentarios, etc.); pero en mi casa, la Biblia siempre está en lo más alto. Y realmente es un auténtico privilegio el tener la Biblia, y el tener las profecías a nuestro alcance (algunas se han cumplido y otras no).

Cuando comencé a dar clases de Escatología, el objetivo que yo tenía era, primeramente, hacerles ver a todos los cristianos que han podido asistir a estas clases (ya sea presencial o telemáticamente), la importancia de conocer las Sagradas Escrituras. La necesidad de estar informados y no estar distraídos, sobre todo en estos tiempos tan difíciles y tan interesantes en los cuales estamos viviendo como pueblo de Dios.

Sin lugar a dudas, ha habido muchos momentos en la historia en los que el pueblo de Dios ha tenido que armarse de valor y poner en práctica su fe.

Pero a nosotros, en estos tiempos finales el Señor nos manda orar y velar más que nunca; y además estar informados acerca de lo que dice la Palabra de Dios sobre estos tiempos.

En la primera carta a los Tesalonicenses capítulo 5, acerca del tema de los tiempos, las ocasiones, las circunstancias, las cosas que ocurren... el apóstol Pablo dice con toda claridad: "Yo no tengo necesidad de escribirles". Parece ser que el apóstol Pablo tenía perfectamente informados a los hermanos de la iglesia de Tesalónica (y seguro que a todas las congregaciones que pastoreó), acerca de los tiempos y de las ocasiones. Dice: "No tenéis necesidad de que yo os escriba". Como diciendo: "Ya ustedes saben lo que hay, ya están bien instruidos; ustedes conocen la Palabra; ustedes conocen perfectamente lo que va a suceder y lo que no va a suceder".

A mí sinceramente, como pastor, me gustaría muchísimo poderles decir a todos ustedes: "Hermanos, yo no tengo la necesidad de decirles nada referente al tema de los acontecimientos finales, porque ustedes ya saben perfectamente lo que va a ocurrir; lo que no va a ocurrir; cuándo va a ocurrir; y en qué lugar; etc.

De verdad que me encantaría que todos llegáramos a ese nivel de conocimiento, de tener tan claras las ideas, que ya no haga falta volver a decir lo que ya gracias al Señor sabemos. Pero creo que, lamentablemente, muchos creyentes todavía no lo tienen claro; y por ese motivo nacieron estas clases de Escatología y la publicación de este libro. Para informar, para abrirle los ojos al pueblo de Dios; para que estén preparados; para que sepan en todo momento y en todo lugar qué es lo que va a ocurrir; y qué es lo que dice la Biblia.

Ahora bien, en España en este momento nos encontramos en un estado de alarma debido al coronavirus. Hace poco me asomé a la ventana de la iglesia y vi algo que nunca había visto. Un vehículo del ejército estaba estacionado muy cerca de la puerta de nuestra congregación, y había unos militares paseando por la calle; parando a algunas personas; preguntándoles cuál era el motivo por el cual estaban en la calle durante este confinamiento nacional. Es algo insólito ver a los militares en la calle, o ver muchísimos comercios cerrados. Para los amantes del fútbol, ver que la liga se ha suspendido, y muchas otras cosas que todos nos podemos imaginar.

Lo que está ocurriendo, es simplemente un pequeño botón de muestra de lo que la Biblia anticipa. Porque ahora mismo la situación no es tan grave, pero llegará el momento en que la gente quiera ir a los supermercados a comprar algo que le apetezca tener, y no podrán ir tan fácilmente. Además, le pedirán que muestre el "chip", la marca (ya sea en su frente o bien en su mano).

Esto lo profetiza la Biblia, así que muchas cosas que están ocurriendo hoy en día (como ver a los policías haciendo controles en las ciudades, las fronteras cerradas, etc.), es simplemente un anticipo de lo que la Biblia profetiza que vendrá en el futuro. La Palabra dice que nadie podrá comprar ni vender, ni hacer absolutamente nada si no lleva la marca de la bestia.

Todo esto está escrito en la Biblia, por eso estas cosas a nosotros no nos tienen que sorprender. A los que no leen la Biblia, a los que no han estudiado los pasajes bíblicos, todas estas cosas les asustan. Sobretodo lo que estamos atravesando en estos días. Pero esto va a ir a peor, perdonen que les hable así, pero yo no puedo engañarles. Ustedes saben que yo no puedo engañarles, la Biblia dice que la maldad va a ir en aumento; que las cosas se van a poner muy difíciles. Y la gente ya está haciendo cábalas acerca de lo que va a ocurrir en la economía mundial, porque sin lugar a dudas la economía mundial se va a resentir. Las empresas están cerradas, y los comercios no producen. Se calcula que millones de personas en el mundo perderán su trabajo.

En fin, cosas realmente tremendas. Y en este momento de la historia, usted y yo nos encontramos con estas cosas que están sucediendo, las cuales las podemos ver con la Palabra de Dios en la mano y en la televisión prácticamente a tiempo real.

Y hermanos, es tiempo de bajar o de sacar nuestras biblias de las estanterías y tenerlas en la mano, y comenzar a dedicar tiempo a leer y a estudiar la Palabra. Cristo viene pronto, los tiempos se están acortando de una forma espectacular.

A este Papa que está hoy en día gobernando a la Iglesia católica desde Roma se le ocurrió una genial idea. No sé si la podrá llevar a cabo con todo lo que está pasando en el mundo, pero en el mes de mayo quiere crear una unificación de criterios para la enseñanza. Esto es una especie de preparación para lo que la Biblia menciona como el surgimiento del "Nuevo Orden Mundial".

Cuando termine esta cuarentena, cuando salgamos de nuestras casas, los que tienen visión y discernimiento espiritual se darán cuenta de que esto es como cuando Noé salió del arca. El mundo que Noé dejó cuando entró en ella, era un mundo completamente diferente al que se encontró cuando salió de ella. Es decir, el mundo que Noé conoció con sus hijos, con sus nueras, con su esposa antes del diluvio, no tenía absolutamente nada que ver con el mundo que se encontró después cuando terminó el periodo del diluvio.

Recuerden que Noé estuvo un año encerrado dentro del arca rodeado de animales, ocho personas esperando a que bajara el nivel del agua para salir y comenzar otra vez una vida digamos "normal". Nosotros ahora mismo, permítanme el ejemplo, estamos como Noé. Nos encontramos encerrados en nuestras arcas, encerrados en nuestros hogares esperando que pase la tormenta; esperando a que esto se calme; esperando a que cese o amaine el diluvio; que se acabe el virus. Es probable que nos encontremos con un mundo diferente: en lo económico, probablemente a nivel de iglesias, a nivel familiar, a nivel de estudios. Es más, muchas cosas sin lugar a dudas ya están cambiando en estos días. Es como si el Señor estuviera limpiando la atmósfera, el ambiente, o haciendo cambios.

Pero quiero dejar bien claro algo, el Señor sabe lo que hace y todo está saliendo según el plan de Dios. No hay buzón de quejas contra Él, todo está saliendo según el diseño divino. Así que la Iglesia no se tiene que quejar. Los creyentes no tenemos que estar asustados, agobiados, estresados. Hermanos, calma. Esto es el principio de dolores, esto es lo que durante años los pastores hemos estado predicando (por lo menos yo), esto es lo que hemos leído durante años en las iglesias. Pero ahora estamos comenzando a ver que en pocos días el mundo entero, las naciones ricas, pobres, los blancos, los negros, los evangélicos, los budistas, los católicos, los ateos, todo el mundo puede experimentar algo tremendo como lo que estamos viviendo.

Así que nadie se sorprenda, porque todo esto estaba escrito hace ya mucho tiempo: terremotos, tsunamis, guerras, rumores de guerras, falsos profetas, falsos apóstoles, plagas, epidemias, el rugido del mar que pondrá nervioso a más de uno, las potencias de los cielos (que dice la Biblia, serán conmovidas).

Qué tiempo tan interesante estamos viviendo queridos hermanos. Quién nos iba a decir a nosotros el día que nos convertimos, quién me iba a decir a mí cuando yo era joven y me convertí al Señor, que yo iba a poder contemplar con mis propios ojos esto, que es la primera vez que sucede (no solamente en España sino en el mundo entero).

Porque si ahora decidiéramos huir, la pregunta es ¿a dónde? Noé no podía huir a ninguna parte, si salía afuera del arca corría serio peligro, se moría. Estaba todo lleno de agua. Noé tuvo que aprender a esperar, Noé tuvo que aprender a tener paciencia. Tuvo que aprender a oír la voz de Dios que le dijera: "ahora entras", "ahora sales".

¿Se dan cuenta como Dios ha roto la agenda de todos? Dios ha roto la agenda, los planes de millones y de millones de personas. Hemos estado tan ocupados con nuestras obligaciones, con nuestros trabajos con nuestras cosas materiales, que nos hemos olvidado de que no es el Señor el que nos tiene que seguir a nosotros; somos nosotros los que tenemos que seguirle a Él. Pero muchos cristianos viven, perdónenme que les sea tan franco y directo, a su manera. Vienen al culto cuando les apetece, y cuando no, no vienen. Leen la Biblia cuando les apetece, y cuando no, ni siquiera saben dónde la dejaron.

Pero eso se acabó hermanos, ya no hay tiempo que perder. ¿Ahora dónde está la madurez? ¿Dónde están aquellos que estaban todo el santo día pidiendo diezmos, ofrendas y primicias? ¿Donde están los predicadores de la prosperidad? Ahora lo que falta es tener fe y confianza en el Señor.

Ahora mismo, ni con todo el dinero del mundo podemos solucionar este problema. Observen a la gente en Suiza, en Alemania, en países mucho más cultos y mucho más ricos que el nuestro, todo el mundo está atemorizado. La bolsa ha pegado un bajón tremendo. ¿De qué les sirve ahora a los países productores de petróleo tanto petróleo? ¿De qué les sirve a los países ahora el diamante, las piedras preciosas, los lingotes de oro? ¡Qué humillación, qué lección le está dando Dios al mundo!

El Señor viene pronto, pero antes de que Él venga (como ahora bien saben ustedes o deberían saber), se tienen que cumplir una serie de señales. Una de las señales que se tienen que cumplir es que el mundo entrará en un caos total y absoluto. Y ese será el caldo de cultivo para que se levante un personaje que, el nombre más famoso por el que la gente lo conoce es el anticristo.

Un líder político que creemos que se levantará de una zona que antiguamente ocupaba el Antiguo Imperio romano. Es decir, todo lo que era Europa, todo Medio Oriente, parte del norte de África; prácticamente todo lo que abarcaba el Imperio romano hace dos mil años. De ahí se levantará un personaje que solamente Juan en el Nuevo Testamento llama "el anti mesías", "el anti ungido", "el anticristo". Aunque recibe otros nombres como "hijo de pecado", "hijo de perdición", "inicuo", etc.

Este personaje no es como nos lo han presentado las películas de Hollywood, un personaje que nace de una relación del diablo con una mujer. No, en absoluto. Este personaje es un señor, político, con una unción diabólica espectacular. El cual, al principio, ofrecerá lo que hemos leído: "paz y seguridad". Ya que eso es lo que hará falta en el mundo cuando este personaje se manifieste y se levante. Si hubiera paz y seguridad, nadie tendría necesidad de ofrecerle paz y seguridad. Pero el mundo necesitará paz, debido a la inseguridad tan grande que habrá. La inseguridad produce temor, el temor produce nerviosismo, nervios; angustia; estrés... E incluso algunos piensan hasta en quitarse la vida.

Después de que ofrezca paz y seguridad, la Palabra afirma que vendrá una destrucción repentina, como los dolores a la mujer encinta. El anticristo vendrá dando soluciones, y algunas funcionarán por un tiempo, como que se reconstruirá el Templo de Jerusalén (el sueño de miles de judíos). Las cosas al principio aparentemente funcionarán: la economía, la estabilidad, la paz, la seguridad, etc. Pero no nos dejemos engañar, la Biblia enseña clarísimamente que vendrá "destrucción repentina".

Este personaje siniestro, macabro y con una unción diabólica tremenda, cambiará de la noche a la mañana y se dará a conocer como lo que es: un auténtico demonio. Satanás es el que lo va a ungir, porque sabe que es la última oportunidad que le queda (como yo suelo decir: es su última bala en la recámara de la pistola).

No tendrá más oportunidades, esta será la última vez en la historia en que podrá utilizar a un personaje para destruir, matar y hacer daño. Y por eso lo unge, le da su trono, le da autoridad;

le da absolutamente todo. E incluso le dará unción y recibirá apoyo del falso profeta (el encargado de todos los aspectos religiosos o espirituales).

En mi opinión, sin intención de ofender a nadie, creo que la Iglesia católica intentará recuperar el poder que tuvo en el pasado, pero que fue perdiendo. Hará todo lo posible por volver a recuperar su poder, esa influencia sobre las naciones que le caracterizaban. Hasta el punto en que "ponía en jaque" a reyes y a naciones enteras si no obedecían sus dictámenes.

Todo esto sucederá en los últimos tiempos. No solamente guerras y rumores de guerra, sino el levantamiento, surgimiento, o la manifestación pública del anticristo. El falso profeta terminará poniendo una marca en la frente y en las manos para que nadie pueda comprar ni vender, ni hacer absolutamente nada. Será una marca que tendrán que llevar tanto pequeños, como grandes; ricos; pobres; blancos; negros; todo el mundo.

Hermanos no se preocupen, nosotros en ese tiempo ya no estaremos en este planeta, porque ya habremos sido arrebatados previamente a la presencia del Señor. Pero digo esto para los que se queden, para que si algún día algún inconverso llega a leer este libro o a ver los vídeos que subimos a YouTube, sepa que el motivo por el cual millones de cristianos han desaparecido es porque nos hemos ido con Cristo en las nubes. Y ese es el motivo por el que la Iglesia y millones de familias desaparecen de la faz de la tierra. Sé que suena a locura, pero es lo que dice la Palabra de Dios y debemos creerlo con todo el corazón.

Asegúrense de que sean arrebatados. Asegúrense de que, en vez de una religión, tengan una relación con Cristo. Asegúrense de que, en vez de conformarse con ir a misa o a un culto, tengan a Cristo en su corazón, y no tengan el corazón dividido. Porque ha llegado el momento de que se decidan, de que dejen de claudicar un poco por allí, un poco por allá.

Dejen de montarse su cristianismo a su manera, porque eso no funciona. Su estrategia le puede funcionar a usted, pero delante de Dios la única estrategia que funciona es que usted se rinda a Jesucristo: "Y al Señor tu Dios adorarás, y a Él y solo a Él servirás" (*cf.* Lc. 4:8).

En este tiempo también sería muy bueno que hicieran "limpieza de sus casas", a lo mejor todavía quedan ídolos o quedan reminiscencias de su antigua vida. Pero ha llegado el momento de sacar fuera toda la basura que durante años han estado acumulando, la cual han tomado y creído. Los tiempos finales van a ser tiempos, sin lugar a dudas, difíciles y peligrosos; tiempos desprovistos de principios morales o espirituales; tiempos de ceguera espiritual; de indiferencia; también de una frialdad y apatía tremendas. Así es que demos gracias al Señor por su Palabra, porque su Palabra es la que nos anima, la que nos fortalece en estos tiempos de prueba.

Quiero mencionarles que en el versículo 7 que leímos anteriormente, de la primera carta a los Tesalonicenses capítulo 5, dice: "Los que duermen, de noche duermen y los que se embriagan, de noche se embriagan". Es decir, veremos, por una parte, a un grupo de personas que es como que, permítame la expresión: pasan de todo. Les da igual el coronavirus, les da igual que haya paro; les da igual que haya guerra; les da igual todo. Son personas que tienen endurecida al alma, el corazón. Han pecado tanto, y han llevado una vida de tanto desorden, una vida tan carente de espiritualidad; que le diga lo que le diga, vean lo que vean o pase lo que pase, les sigue dando igual. Sin embargo, aprovechemos el tiempo para darle testimonio a todas aquellas personas que están asustadas, pasando por necesidad, etc.

Qué tiempos tan interesantes y tan difíciles, e insisto hermanos, esto no ha hecho más que empezar. Que el Señor nos guarde y fortalezca nuestra fe. Desde aquí quiero enviar una palabra de aliento para cada uno de ustedes, y pido a Dios que no decaiga su ánimo ni su fe en el Señor. Sino todo lo contrario, que todos podamos renovarnos, y vivir en victoria.

Sueño con ese día en el que podamos volver a vernos, abrazarnos, saludarnos; cantar; danzar; tocar el *shofar*; ver otra vez a los niños correr por la iglesia... etc. Qué maravilloso será ese reencuentro, pero sobre todo qué maravilloso será cuando estemos todos juntos con Cristo en la Gloria.

Qué extraordinario será cuando al final lleguemos a la meta y le digamos al Señor: "Gracias Dios mío por haberme salvado, por haberme permitido conocerte y por el honor de haberte dado los mejores años de mi vida para servirte en todo lo me has pedido hasta el día de hoy".

Biografía del autor

El Pastor José Manuel Sierra o Manolo Sierra como también se le conoce, nació el 2 de octubre del año 1961. Entregó su vida a Cristo siendo muy joven y al poco tiempo recibió el llamado del Señor para servirle en su obra. Por lo que inmediatamente estudió en el Seminario Teológico de Las Palmas de Gran Canaria graduándose el día 31 de mayo de 1981. Desde entonces comenzó su ministerio como evangelista en diferentes lugares de España y Argentina junto con su esposa Elena, y sus hijas Priscila y Miriam.

En obediencia al llamado que el Señor puso en su corazón, se trasladó junto con su familia a las Islas Canarias, donde fundó el Centro Evangélico Vida Nueva en Santa Cruz de Tenerife, el cual sigue pastoreando hasta el día de hoy.

El Pastor Manolo Sierra siempre se ha caracterizado por ser un hombre apasionado por el estudio e investigación de las Sagradas Escrituras, incluso llegando a dominar el hebreo bíblico. Su principal anhelo es favorecer a que el mayor número de personas posible sean capaces de alcanzar un nivel superior de conocimiento del Señor a través de su Palabra.

Los canales de YouTube y Facebook de la iglesia son de los más visitados por la comunidad cristiana evangélica del mundo hispano hablante.

Pues, para muchos, las predicaciones del Pastor Manolo Sierra contienen un mensaje muy adecuado para el pueblo de Dios en la actualidad.

El pastor José Manuel Sierra nos presenta dos volúmenes en un solo libro: "Hermenéutica y Homilética". A través de esta obra, usted tendrá en sus manos las herramientas indispensables para realizar una correcta interpretación de cualquier texto bíblico, tanto si es conocedor o no de las Sagradas Escrituras. Además, el pastor Sierra nos ofrece las claves en el arte de la predicación que ha ido perfeccionando durante sus más de cuarenta años de ministerio. Las cuales harán que usted esté capacitado para exponer todo este conocimiento de una manera dinámica y efectiva.

Puede adquirir el libro en español o en inglés a través de la plataforma de Amazon o directamente a través del siguiente link:

https://mybook.to/hermeneuticahomiletica